Sabine Kühne

Zu *Fuß* durch
ROM
12 Spaziergänge

Droste Verlag

Zu *Fuß* durch ROM

Liebe Freunde und Freundinnen
des Stadtspaziergangs,

von Rom kann ich einfach nicht genug bekommen. Ursprünglich wollte ich hier nur einen Sprachkurs in den Semesterferien besuchen, doch dann wurde für immer daraus. Der Zug brachte mich damals aus dem kalten Deutschland mitten in den römischen Frühling. Im Garten meiner Unterkunft blühten Orangenbäume und gegenüber gab es eine kleine Bar, in der ich bald jeden Morgen meinen Cappuccino trank, so wie es in Rom üblich ist. Mit diesen Genussmomenten begann meine Entdeckungsreise.

Eigentlich bräuchte ich wie die Katzen sieben Leben für diese unglaubliche Stadt, in der sich Antike und pralles Leben auf unnachahmliche Weise vermischen. Gerade Impressionen wie die Kühle einer Kirche im Sommer, die schlafende Katze auf einem Autodach und Pinien vor dem Abendhimmel machen für mich den besonderen Charme aus. Und selbst wenn Stille auf den ersten Blick gar nicht zum überaus quirligen Rom zu passen scheint: Ganz verborgen gibt es selbst hier viele leise Oasen zu entdecken. Besonders angenehm sind die kleinen und großen Stadtparks, die Rom zu einer der grünsten Metropolen Europas machen.

Für meine zwölf römischen Spaziergänge habe ich auch Stadtviertel abseits der üblichen Pfade und viele meiner persönlichen Lieblingsorte ausgewählt. Erleben Sie genussvoll und mit allen Sinnen beeindruckende Ruinen, herrliche Ausblicke auf die Stadt, grüne Oasen, einen Ausflug in die Unterwelt, buntes Treiben in der Markthalle, ein cooles Museum, den Tiber und die typisch römischen Trinkbrunnen. Das Timing ist dabei ganz wichtig, denn an vielen Orten entfaltet sich die besondere Aura am besten frühmorgens oder spätnachmittags. Zu allen Spaziergängen gebe ich Ihnen meine Insider-Tipps zum Genießen, Einkaufen und Stöbern in kleinen Läden, die unbedingt erhalten bleiben sollten.

Ich wünsche Ihnen viel Freude auf den Streifzügen durch Rom!

Ihre Sabine
Kühne

1 ANTIKES ROM UND MONTI

Start: Piazza Venezia, 00186 Rom
Ziel: U-Bahn-Haltestelle Cavour, 00184 Rom
Länge: ca. 3,1 Kilometer
Dauer: ca. 3 Stunden
ÖPNV: Haltestelle Piazza Venezia, Straßenbahnlinie 8, Buslinien 80, 85; am Ziel: Haltestelle Cavour, U-Bahn-Linie B
Parken: Parkplätze in der blauen Zone mit Parkschein vom Parkschein-automaten gibt es am Lungotevere. Sie sind erkennbar an den blauen Markierungen auf dem Boden.

Unterwegs entdeckt:

1 Monumento Vittorio Emanuele II
2 Kapitolshügel (Monte Capitolino)
3 Basilica di Santa Maria in Aracoeli
4 Trajanssäule (Colonna Traiana)
5 Via dei Fori Imperiali
6 Forum Romanum (Foro Romano)
7 Kolosseum (Colosseo)
8 Monti

Essen + Trinken:

Terrazza Caffarelli, Piazzale Caffarelli 4, 00186 Rom,
Tel. +39 06 69 19 05 64, www.terrazzacaffarelli.it
(Cafeteria der Kapitolinischen Museen mit Ausblick)
Gelateria Glauco, Via Panisperna 245, 00184 Rom
(Gelato und Macarons an einer malerischen Ecke in Monti)
Antico Forno Serpenti, Via dei Serpenti 122, 00184 Rom,
Tel. +39 06 45 42 79 20 (Traditionsbäckerei mit süßen und salzigen Spezialitäten)
American Bar, Via Tor de' Conti 25–30, 00184 Rom,
Tel. +39 06 6 79 24 46, www.ristoranteroofgardenforum.it/it/bar
(winzige Rooftop-Bar auf dem Dach des Hotels Forum für einen Aperitif mit Aussicht auf das antike Rom)

Magische Ruinen und romantische Gässchen

Ein Streifzug durch die malerischen Ruinen im Herzen Roms gehört zu jedem Besuch in der Ewigen Stadt dazu. Eingebettet in sattes Grün liegen unzählige antike Säulen im Schatten der Schirmpinien und erzählen vom Glanz und Fall eines Weltreichs. Das Kolosseum bringt uns mit seiner schieren Größe zum Staunen. In den Gassen des Stadtviertels Monti pulsiert das heutige Rom, hier entdecken wir zahlreiche Lokale und kleine Läden.

An der **Piazza Venezia** sehen wir als Allererstes das riesige weiße ❶ **Monumento Vittorio Emanuele II.** Es heißt auch Altare della Patria (Vaterlandsaltar), ist dem italienischen König Vittorio Emanuele II gewidmet und wurde 1911 zum 50. Geburtstag Italiens eingeweiht. Der Protzbau passt weder vom Stil noch von den Farben zur römischen Altstadt, weshalb die Römer ihn „Hochzeitstorte" oder „Schreibmaschine" tauften. Auf dem Dach erwartet uns ein traumhafter Rundum-Panoramablick, den wir uns nicht entgehen lassen sollten.

Über die Haupttreppe gelangen wir nach oben zum Reiterdenkmal des Königs. Der hohle Bauch des Pferdes ist übrigens so groß wie ein Wohnzimmer und zur Einweihung gab es darin einen Empfang für über 20 Personen. Unterhalb steht

Monumento Vittorio Emanuele II

1 ANTIKES ROM UND MONTI

Treppe zum Kapitol

Tag und Nacht eine Ehrenwache am Grab des unbekannten Soldaten, der die vielen Toten der Kriege symbolisiert. Dieser Soldat hat die Herzen bewegt, seiner Beisetzung wohnten unzählige Menschen bei.

Nachdem wir eine Eintrittskarte gelöst haben, bringt uns ein gläserner Aufzug blitzschnell zur großen Aussichtsterrasse. Oben stehen wir zwischen zwei imposanten Siegesgöttinnen mit Flügeln, die mit ihrem Viergespann in den römischen Himmel reiten. Wir lassen gebannt unseren Blick über die Ewige Stadt schweifen und genießen die Aussicht in alle Himmelsrichtungen. Vor uns liegen die **Ruinenlandschaft um das Forum Romanum** und die gesamte Altstadt. Besonders gut erkennen wir das **Pantheon,** das mit seiner flachen Kuppel wie eine Schildkröte wirkt; an besonders klaren Tagen

zeigen sich sogar die Berge in der Ferne. Obwohl es schwerfällt, reißen wir uns los und schweben mit dem Aufzug wieder nach unten.

Wenn wir aus dem Monument herauskommen, gehen wir gleich nach links und zunächst an der Ruine eines antiken Wohnhauses vorbei. Im alten Rom gab es schon Hochhäuser (lateinisch *insula*). Die fünf Stockwerke waren einst mit dem Leben seiner Bewohner erfüllt; im Erdgeschoss lagen Läden, Kneipen und Barbiere, wo sich die Kunden drängten – so in etwa wie heute auch. Wenn wir hinunterschauen, blicken wir übrigens auf die damalige Ebene der Stadt, denn das antike Rom liegt unter einer meterhohen Schuttschicht, die durch Brände, Verfall und Überschwemmungen entstanden ist.

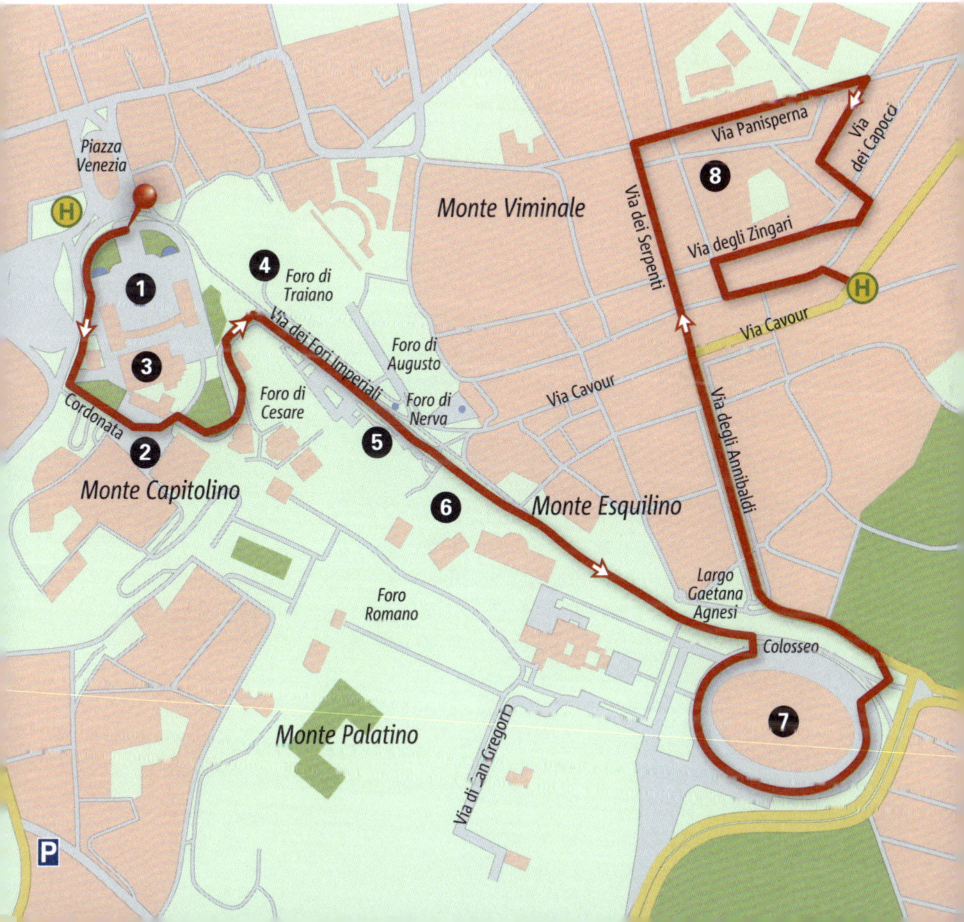

Piazza Venezia

(H)

1

4 Foro di Traiano

Monte Viminale

Via dei Serpenti

Via Panisperna

Via dei Capoci

8

Via degli Zingari

3

Via dei Fori Imperiali

Foro di Augusto

Via Cavour

(H)

Cordonata

Foro di Cesare

Foro di Nerva

5

Via Cavour

Via degli Annibaldi

2

6

Monte Esquilino

Monte Capitolino

Foro Romano

Largo Gaetana Agnesi

Colosseo

Monte Palatino

Via di San Gregorio

7

P

Gleich daneben führen steile Stufen zur mittelalterlichen **Basilica di Santa Maria in Aracoeli,** die wir später noch besuchen werden. Diese Treppe aus antikem Marmor wurde während der großen Pest von 1348 als Weihgabe an die Jungfrau Maria gestiftet. Wir gehen direkt daneben über die große Freitreppe auf einen der sieben Hügel Roms, den ❷ **Kapitolshügel.** Die Stufen der sogenannten **Cordonata capitolina** wurden besonders flach angelegt, damit wichtige Personen bequem hinaufreiten konnten. Auf dem **Monte Capitolino** steht mitten auf der **Piazza Campidoglio** die **Reiterfigur des Marc Aurel.** Der römische Kaiser scheint uns von seinem Ross aus zu grüßen – *salve!* Ursprünglich war er komplett vergoldet, sicher ein sehr beeindruckender Anblick. Das Standbild hat eine Besonderheit: Es ist die einzige erhaltene Figur eines römischen Kaisers aus Bronze, denn im Mittelalter wurden antike Statuen aus Metall meist eingeschmolzen, um Kanonen oder Kirchenglocken daraus zu fertigen. Wir blicken hier übrigens auf eine Kopie, während die Originalskulptur

Des Kaisers
GLÜCKSFORMEL

Der römische Kaiser Marc Aurel (121–180 n. Chr.) ist uns eventuell aus dem Film „Gladiator" bekannt, wo wir sehr anschaulich seine Kriege gegen die Germanen zu sehen bekommen. Marc Aurel verbrachte seine letzten Lebensjahre vorwiegend im Feldlager, wo er seine Selbstbetrachtungen verfasste, die zur Weltliteratur gehören. Die Fans des „Philosophenkaisers" reichen vom Staufferkaiser Friedrich II. bis zum Altkanzler Helmut Schmidt.

Zitate aus den Selbstbetrachtungen
„Denke lieber an das, was du hast, als an das, was dir fehlt!"
„Es wäre dumm, sich über die Welt zu ärgern. Sie kümmert sich nicht darum."
„Der Mensch muss keine Angst vor dem Tod haben, eher vor dem ungelebten Leben."
„Die Jugend kennzeichnet nicht einen Lebensabschnitt, sondern eine Geisteshaltung."
„Was du erhältst, nimm ohne Stolz an! Was du verlierst, gib ohne Trauer auf!"

Kapitolinische Museen

sich heute im Kapitolinischen Museum auf der rechten Seite des Platzes befindet.

Die Piazza ist von drei großen Gebäuden gesäumt: dem Senatorenpalast mit dem heutigen **Rathaus Roms** und den beiden Flügeln der **Kapitolinischen Museen** auf der rechten und linken Seite. Diese Museen gehören zu den schönsten Antikensammlungen der Stadt, die einen eigenen Tag für einen Besuch wert sind. Unter den Arkaden im rechten Flügel erleben wir des Öfteren Hochzeitsgesellschaften, denn hier liegt das römische Standesamt. Nach der Trauung bewerfen die Hochzeitsgäste das frisch getraute Paar traditionell mit Reis, der dann von den Tauben aufgepickt wird. Hier hat der Grünen-Politiker Joschka Fischer still und heimlich zum fünften Mal geheiratet.

In der Antike thronte auf dem Kapitol ein kolossaler Jupitertempel, das Hauptheiligtum der Stadt. Direkt daneben wurde Juno, die Gattin Jupiters, in einem eigenen Tempel verehrt. Die heiligen Gänse der Juno sollen die Römer 390 v. Chr. vor dem Angriff der Gallier unter General Brennus gewarnt haben. Im Mittelalter verkam der Kapitolshügel zum „Ziegenhügel" und erst Michelangelo verlieh ihm sein heutiges prachtvolles Aussehen mit der großen Freitreppe zur Stadt hin. Der Platz mit dem sternförmigen Muster auf dem Boden und dem Reiter ist auf der italienischen 50-Cent-Münze abgebildet.

Heute ist der Palazzo Caffarolli Teil der Kapitolinischen Museen mit einer sehr schönen Cafeteria. Hier können wir den Blick auf Rom genießen.

Der Hügel hatte übrigens vor gar nicht allzu langer Zeit eine besondere Bedeutung für die Deutschen in Rom: Im **Palazzo Caffarelli** befand sich früher die preußische Gesandtschaft, später zog zeitweise die deutsche Botschaft in Italien ein (heute in der Nähe der Stazione Tormini). Hier wurde das heutige Deutsche Archäologische Institut gegründet, das immer noch einen Sitz in Rom hat. In dem gelben Palazzo liegt

Blick vom Kapitol auf das Forum Romanum

die Cafeteria der Museen; wir erreichen den Eingang über eine kleine Straße hinter dem Tor rechts von der Freitreppe.

Rechts vom Senatorenpalast geht es zu einer Aussichtsterrasse über dem **Forum Romanum,** wo die Ruinen malerisch vor uns im Tal liegen. Besonders schön ist der Anblick im späten Nachmittagslicht. Wir blicken auf das einstige Zentrum des römischen Weltreichs. Vom *miliarium aureum*, einer vergoldeten Bronzesäule, wurden damals die Entfernungen in die Städte des Imperiums gemessen, daher auch der Ausdruck „Alle Wege führen nach Rom". Rechts erhebt sich über dem Forum der Hügel **Palatin,** den wir gut an seinem reichen Grün erkennen und auf dem die Ruinen der Kaiserpaläste in einem großen Park liegen. Auf dem Palatin befand sich angeblich die Höhle, in der die römische Wölfin die Zwillinge Romulus und Remus säugte. Der Sage nach gründeten sie als erwachsene Männer am 21. April 753 v. Chr. die Stadt Rom. Dieses Datum wird heute noch als *Natale di Roma* (Geburtstag der Stadt) gefeiert, und zwar mit einem spektakulären Festzug – Hunderte von Darstellern

in historischen Kostümen ziehen dann vom Circus Maximus zum Kolosseum. Das ist absolut sehenswert! An diesem Tag gewähren übrigens zahlreiche Sehenswürdigkeiten freien Eintritt, darunter auch die Kapitolinischen Museen.

Vom Kapitolsplatz aus erreichen wir über eine Treppe links vom Senatorenpalast die ❸ **Basilica di Santa Maria in Aracoeli.** Wie so oft in Rom verbirgt sich auch hier hinter einer unscheinbaren Tür ein beeindruckender Innenraum. Die Basilika empfängt uns mit feierlicher Stille und angenehmer Kühle. Auf den einfachen Holzstühlen gönnen wir uns erst einmal eine Ruhepause und lassen die Stimmung auf uns wirken. Es tut richtig gut, zwischendurch einmal zu sitzen! Wir können dabei die Säulen betrachten und stellen fest, dass sie alle unterschiedlich sind, denn sie stammen von verschiedenen antiken Gebäuden und wurden hier wiederverwertet. Dieses „Recycling" begegnet uns in vielen Kirchen Roms. Eine Säule mit dem Bild von Maria und dem Jesusknaben ist in einen Altar eingearbeitet, es gibt kaum einen schöneren Ort für das Anzünden einer Kerze. Hier liegen welche aus echtem Bienenwachs, die wundervoll duften. Falls wir einen Herzenswunsch haben, können wir in der **Kapelle des Bambino Gesù** dem Jesuskind einen Brief schreiben und dort in den kleinen „Briefkasten" werfen. Ein Ausblick auf Rom erfreut uns vor dem Hauptportal der Kirche. Mit etwas Glück erleben wir eine Hochzeit, dann schreitet die Braut durch diesen Eingang. Wenn die Kronleuchter den Raum mit goldenen Stühlen, Blumenschmuck und den eleganten Gästen in warmes Licht tauchen und das Ave Maria ertönt, ist das ein ganz besonders ergreifender Moment. Wir können dem frischgebackenen Ehepaar dann *auguri* zurufen – das sind italienische Glückwünsche, die ganz praktisch bei vielen Gelegenheiten passen. Das Wort geht übrigens zurück auf die antiken römischen Auguren, die vom Kapitol aus den Flug der Vögel beobachteten, um daraus den Willen der Götter abzuleiten.

Mit frischem Blick und voller Neugier setzen wir unseren Spaziergang nun fort, indem wir die Kirche wieder durch die kleine Holztür verlassen und die Treppe hinuntergehen. Jetzt statten wir der **römischen Wölfin mit den Zwillingen**

Santa Maria in Aracoeli

Romulus und Remus auf der Säule noch einen Besuch ab, bevor wir uns weiter links an einem sehr beliebten Trinkbrunnen mit kühlem Quellwasser erfrischen können. Nun geht es die **Via di San Pietro in Carcere** hinunter, vorbei an den Resten des **Cäsarforums.** Die weißen Marmorsäulen gehörten zum Tempel der Venus, Göttin der Schönheit und der Liebe. Die heute verlassenen Bogengänge um das Forum waren einst von Geldwechslern, Händlern und Prostituierten bevölkert.

Antike Säulen

Unten treffen wir auf die **Via dei Fori Imperiali,** die wir queren, um die ❹ **Trajanssäule** zu betrachten. Sie hat ein besonderes Alleinstellungsmerkmal: Es ist die einzige Säule Roms, die nie umgefallen ist und noch genau dort steht, wo sie vor 2000 Jahren aufgestellt wurde. Sie besteht aus italienischem Carrara-Marmor und ist mit ihren etwa 40 Metern so hoch wie das Erdreich, das hier zum Bau des **Trajansforums** abgetragen wurde. Das Relief zeigt anschaulich Szenen der Feldzüge gegen das Volk der Daker (heutiges Rumänien). Die Römer brachten angeblich neben unvorstellbaren Mengen an Gold und Silber eine halbe Million Sklaven und den Kopf des Daker-Königs Decebalus als Kriegsbeute nach Rom. Der halbrunde Ziegelbau mit zahlreichen Bögen weiter rechts ist die Ruine der sogenannten **Trajansmärkte,** eine 2000 Jahre alte „Shoppingmall", wo erlesene Waren aus fernen Ländern verkauft wurden: indische Seide, griechische Oliven und das beliebte Würzmittel *garum* aus vergorenen Fischen. Es wäre sicher spannend, einmal einen Tag im alten Rom zu verbringen und über diesen Basar zu bummeln!

Trajanssäule

Trajansmärkte

Forum des Augustus

Nun schlendern wir über die ❺ **Via dei Fori Imperiali** weiter Richtung Kolosseum. Diese Straße ist noch nicht sehr alt, sie wurde von dem italienischen Faschistenführer Mussolini als Prachtstraße für Paraden gebaut. Heute noch wird hier zum italienischen Nationalfeiertag am 2. Juni eine große Militärparade abgehalten. An Sonn- und Feiertagen wird die Flaniermeile zur Fußgängerzone, wo Straßenmusiker für Stimmung sorgen und auch Einheimische gerne spazieren gehen. Auf beiden Seiten der Straße liegen die Reste der ehemaligen Kaiserforen, teilweise malerisch zwischen Zypressen, Oleander, Palmen, Granatapfelsträuchern und Schirmpinien. Die riesigen Mittelmeerkiefern mit ihrem ausladenden „Schirm" aus Ästen prägen das Stadtbild. Fast alle Bäume und Sträucher sind übrigens immergrün, sodass es hier selbst im Winter nie richtig kahl wird. Im Frühling bringen der Blauregen, Judasbäume und ganz besonders der knallrote Klatschmohn Farbe in die Ruinenlandschaft.

Auf der linken Straßenseite liegt das **Forum des Augustus** mit der Statue des Kaisers und Überbleibseln des Marstempels. Der Kriegsgott Mars hatte eine extrem wichtige Bedeutung für die Römer, denn ohne Kriege hätte es kein Weltreich gegeben. Der Tempel wurde von Augustus nach dem Sieg über die Cäsar-Mörder Brutus und Cassius Mars dem Rächer geweiht. Die große Mauer aus Tuffblöcken dahinter ist eine antike Brandschutzmauer, denn Brände waren im alten Rom an der Tagesordnung und die gut organisierte Feuerwehr hatte immer viel zu tun.

Rechts gegenüber erblicken wir das ❻ **Forum Romanum.** Von den einstigen

Forum des Nerva

Forum Romanum

Kolosseum

prachtvollen Tempeln und Hallen ist fast nichts mehr übrig, denn das Forum wurde wie alle antiken Stätten im Mittelalter als „Steinbruch" genutzt. Das Areal wurde erst vor etwa 100 Jahren ausgegraben, davor lag es verborgen unter meterhohem Erdreich, auf dem sich das Leben abspielte und teilweise Kühe weideten. Der römische Untergrund sorgt übrigens auch heute noch für Überraschungen. Immer wieder werden spannende Entdeckungen gemacht, wie auch derzeit während der Bauarbeiten an der neuen U-Bahn-Linie, die entsprechend schleppend vorangehen. Die **Maxentius-Basilika** rechts mit ihren auffälligen drei Gewölben ist mit Metallgerüsten befestigt, um sie während der Arbeiten vor dem Einsturz zu bewahren. Die Baumeister der Renaissance nahmen sich dieses beeindruckende Gebäude zum Vorbild für den Petersdom. Der Begriff *basilica* bezeichnete im alten Rom übrigens eine Mehrzweckhalle und keine Kirche.

Kurz davor führt ein asphaltierter Weg rechts zu einem hellen Torbogen, durch den wir in den Innenhof der **Basilica dei Santi Cosma e Damiano** gelangen. Auf einmal stehen wir in einer Ruheoase mit Kamelien, Alpenveilchen, Brunnen und einer einzigen Bank – mit etwas Glück ist sie frei. Hier ist der Trubel der Straße weit weg und wir können kurz abschalten. Vom Hof gelangen wir in die Kirche, die uns ebenso angenehm mit ihrer Stille überrascht. Wir können in der Apsis Mosaike bewundern, die etwa eineinhalb Jahrtausende alt sind; mit ihren unglaublich kräftigen Farben sehen sie aus wie neu. Diese Basilika wurde im Mittelalter in einen antiken

Tempel des Forums hineingebaut, den wir hinter der großen Glaswand sehen. Verehrt werden hier die Heiligen Cosmas und Damian, Schutzpatrone der Ärzte, Barbiere, Apotheker, Frisöre und Zuckerbäcker.

Wieder zurück auf der **Via dei Fori Imperiali** geht es nach rechts zum ❼ **Kolosseum.** Die damals größte Arena der Welt wurde in nur acht Jahren gebaut. Tüchtige Ingenieure, unzählige Sklaven und der römische Super-Baustoff Beton machten es möglich. Hier fanden die beliebten Gladiatorenkämpfe statt. Wir sehen sie sehr anschaulich im Film „Gladiator" mit Russell Crowe, wo der Schauspieler als Maximus Decimus Meridius unsere Herzen bewegt. Mutig, muskulös und männlich – den Gladiatoren flogen im alten Rom die Sympathien der Frauen zu. Ins Kolosseum gingen die Menschen damals allerdings auch, um sich zu treffen und zum Picknicken. An den Buden rundherum konnten die Besucher sich Essen kaufen, ganz genau wie bei unseren Stadien heute auch. Archäologen fanden in den Abwasserkanälen unter der Bühne Olivenkerne, Hühnerknochen, Austernschalen, Pfirsichkerne, Trinkbecher und Scherben von Tischgrills aus Ton. Hier wurde geschlemmt! Abfall konnten die Besucher in Müllschluckern entsorgen und Toiletten gab es auch. Die Latrinen waren Gemeinschaftsklos, wo beim Verrichten des Geschäftes ein Schwatz gehalten wurde. Ein riesiges Sonnensegel sorgte für Schatten und manchmal ließ der Kaiser sogar Geschenke verteilen. Kein Wunder, dass die Römer gerne hierherkamen – es herrschte sicher ein ziemliches Getümmel. Damit es keinen Stau gab, waren alle Eingänge nummeriert. Tatsächlich entdecken wir über jedem der vielen Eingangsbögen eine römische Zahl. So konnten die bis zu 70.000 Zuschauer in etwa 20 Minuten ihre Sitzplätze erreichen. Gute Organisation ist eben alles!

Falls wir das Kolosseum besichtigen möchten, sollten wir vorab online Karten bestellen. Jeden ersten Sonntag des Monats ist der Eintritt gratis. Gratistickets gibt es direkt an der Kasse, die Warteschlangen sind dann allerdings sehr lang. Wir gehen einmal rundherum, mitten durch das Gewusel der Menschen aus der ganzen Welt, und erreichen die

Stadtviertel Monti

U-Bahn-Haltestelle Colosseo, von wo wir über eine kleine Treppe auf die **Via Nicola Salvi** gelangen, die uns nach oben zum **Largo Gaetana Agnesi** führt. Von hier schauen wir noch einmal auf das Wahrzeichen Roms und die unglaubliche Menschenmenge. Nun geht es die **Via degli Annibaldi** hinunter Richtung Via Cavour, die wir queren und so die ❽ **Via dei Serpenti** erreichen. Wir befinden uns nun in dem kleinen **Stadtviertel Monti.** Der Name bedeutet zu Deutsch Hügel, denn hier treffen drei römische Hügel aufeinander: Viminal, Quirinal und Esquilin. In unmittelbarer Nähe zu den Kaiserforen lag hier in der Antike die berüchtigte Gegend Suburra mit ihren zwielichtigen Spelunken, Mietskasernen und Bordellen. Heute sind die Immobilien in diesem Viertel sehr begehrt und teuer, auch wenn die Häuser von außen nicht immer so aussehen.

Der lebhafte Platz Piazza della Madonna dei Monti ist ein beliebter Treffpunkt. Die Gegend ist voller kleiner Läden und netter Lokale.

Die romantischen Gassen haben ihren besonderen Charme bewahrt und es macht Spaß, sich beim Bummeln treiben zu lassen. Kleine Geschäfte in den Sträßchen und einige sehr ansprechende Parfümerien in der **Via dei Serpenti** laden zwischendurch zum Stöbern ein. Ein besonders schöner Spaziergang führt uns die Via dei Serpenti hinauf, rechts in die **Via Panisperna** und wieder nach rechts in die **Via de' Ciancaleoni,** wo es eine kleine Treppe hinuntergeht. Nun biegen wir rechts in die **Via dei Capocci,** dann rechts über die **Piazza degli Zingari** in die **Via degli Zingari** und links in die **Via dell'Angeletto,** an deren Ende uns die **Via Leonina** rechts wieder zur **Via dei Serpenti** und links zur **Haltestelle Cavour** führt. In wenigen Gehminuten erreichen wir von hier aus auch unseren Ausgangspunkt Piazza Venezia mit zahlreichen Buslinien. Bevor es wieder weitergeht, haben wir uns aber jetzt erst mal eine Ruhepause verdient. Gemütlich sitzen, ausspannen und ein Aperol Spritz sind jetzt angesagt. In der kleinen **American Bar** auf der Dachterrasse des **Hotels Forum** können wir den Tag mit etwas Sonnenuntergangs-Sightseeing ausklingen lassen. Wir lassen uns dabei von dem antiken römischen Motto „Carpe Diem" inspirieren und stoßen beherzt auf die Lebensfreude an – *Salute!*

Start: Corso Vittorio Emanuele II, 00186 Rom
Ziel: Piazza Cavour, 00193 Rom
Länge: ca. 3,5 Kilometer
Dauer: ca. 3 Stunden
ÖPNV: Haltestelle Ponte Vittorio Emanuele, Buslinie 40 u. a.;
am Ziel: Haltestelle Piazza Cavour, Buslinie 70 u. a.
Parken: Parkhaus Piazza Cavour, 00193 Rom

Unterwegs entdeckt:

1 Engelsbrücke (Ponte Sant'Angelo)
2 Engelsburg (Castel Sant'Angelo)
3 Denkmal der Katharina von Siena
4 Petersplatz (Piazza San Pietro)
5 Petersdom (Basilica di San Pietro)
6 Tiara-Brunnen (Fontana delle Tiare)
7 Via Cola di Rienzo
8 Piazza Cavour

Essen + Trinken:

Pizzeria Da Romolo alla Mole Adriana, Vicolo del Campanile 12,
00193 Rom, Tel. +39 0 66 86 16 03, www.daromoloallamoleadriana.it
(Pizzeria und Osteria mit fairen Preisen in der Nähe der Engelsburg)
Gelateria dei Gracchi, Via dei Gracchi 272, 00193 Rom,
Tel. +39 0 63 21 66 68, www.gelateriadeigracchi.it (beliebte Eisdiele,
besonders gutes Pistazieneis)
Le Sicilianedde, Piazza Cola di Rienzo 64, 00192 Rom,
Tel. +39 0 63 22 36 32 (Café mit sizilianischen Spezialitäten
direkt an der Einkaufsstraße)

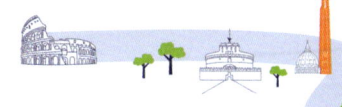

Monumentale
Spiritualität spüren

Auf dem Petersplatz verlassen wir Italien und betreten den kleinsten Staat der Welt, zu dem auch der Petersdom gehört. Hier trifft Monumentalität mit einer ganz besonderen Aura auf zeitlose Spiritualität und bringt uns ununterbrochen zum Staunen. Auf diesem Spaziergang entdecken wir zudem historische Frauen: Königinnen, Heilige und sogar eine Handwerkerin. Im Stadtviertel Prati erleben wir zum Abschluss wieder die pulsierende Gegenwart.

Kaum biegen wir vom **Corso Vittorio Emanuele II** in die **Via dei Banchi Nuovi,** liegt die Engelsburg vor uns und wir erleben zur Einstimmung auf unseren Spaziergang einen ersten Wow-Moment. Es geht geradeaus auf die ➊ **Engelsbrücke,** die Ponte Sant'Angelo, wo wir die barocken Engel mit ihren wehenden Gewändern bestaunen. Jeder von ihnen trägt einen Gegenstand aus der Passion Christi, wie zum Beispiel die Dornenkrone und die Geißel.

Vom Dach der Engelsburg bietet sich ein grandioser Blick auf den gesamten Vatikan und die Altstadt mit ihren Kirchenkuppeln.

Auf der ➋ **Engelsburg** steht der Erzengel Michael, der hier im Mittelalter den verzweifelten Römern als Gottesbote erschienen sein soll, um das Ende einer Pestepidemie zu verkünden.

Wie kaum ein Bauwerk in Rom verkörpert das Castel Sant'Angelo, wie die Italiener die Engelsburg nennen, die Fähigkeit der Stadt, im Lauf der Geschichte immer wieder wie Phönix aus der Asche aufzuerstehen: ursprünglich als Mausoleum für Kaiser Hadrian gebaut, später Festung und Renaissanceresidenz, Zufluchtsort der Päpste, Schatzkammer und düsterer Kerker. Mit ihrer dicken Mauer, vier Wehrtürmen und einem Wassergraben war die Burg praktisch uneinnehmbar. Im Notfall wurden Eindringlinge mit kochend heißem Olivenöl oder Marmorbrocken beworfen. Die Päpste gelangten durch einen Rettungsgang direkt vom Vatikan in die Burg. Eine wichtige Info für Opernfans: Die Engelsburg kommt in der berühmten Puccini Oper „Tosca" vor, die komplett in Rom spielt. Die junge Römerin Tosca stürzt sich im

Engelsbrücke

letzten Akt aus Verzweiflung über den Tod ihres Geliebten Cavaradossi vom Dach.

Vor dem Castel Sant'Angelo gehen wir links und kommen kurz vor der Kreuzung am Denkmal der ❸ **Katharina von Siena** vorbei, der Schutzpatronin Italiens. Die Heilige aus weißem Marmor hält eine Lilie, das Symbol der Jungfräulichkeit. Nach der Ampel führt die **Via della Conciliazione** schnurgerade zum ❹ **Petersplatz,** wo wir den Vatikanstaat betreten.

Die beste Zeit ist morgens um 7 Uhr, dann ist der Petersplatz fast menschenleer, was uns garantiert für das frühe Aufstehen entschädigt. Um diese Zeit begegnen uns hier nur einige Römer auf dem Weg zur Arbeit, die eine oder andere Nonne und vereinzelte Besucher. Wir vernehmen den tiefen

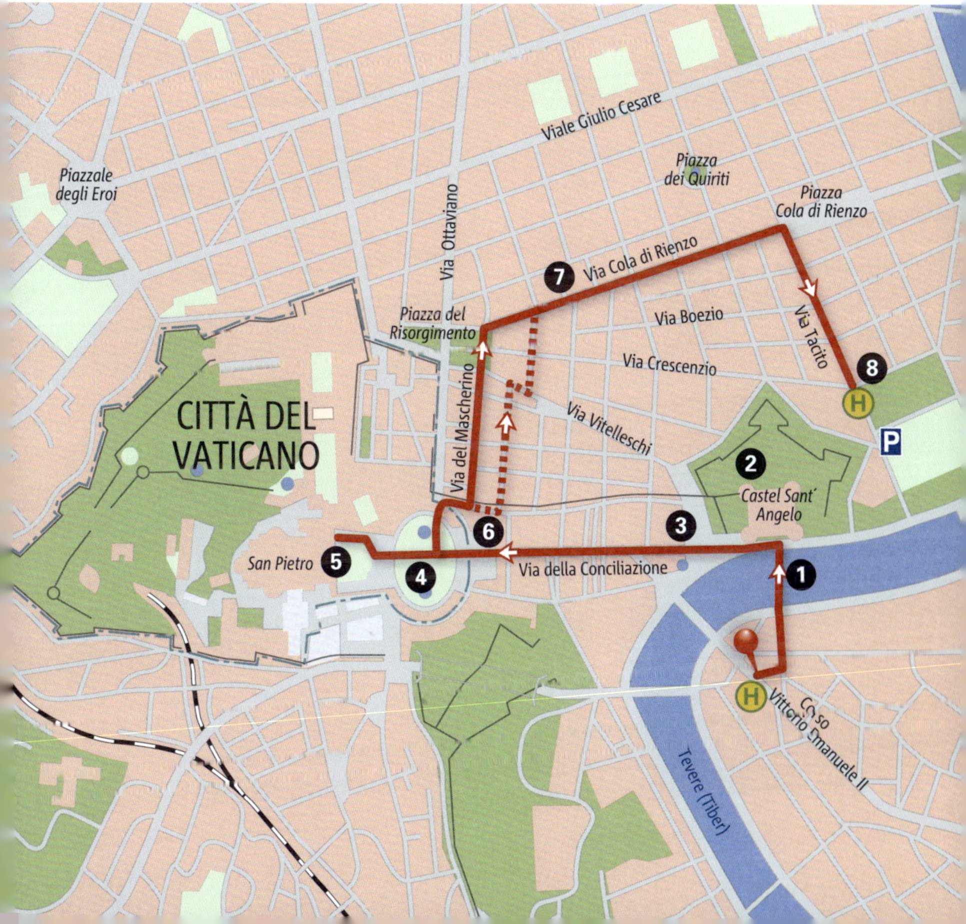

Engelsburg

Katharina von Siena

Petersplatz

Drachenbrunnen, Via della Conciliazion

GELD AUF LATEINISCH ZIEHEN

Der kleinste Staat der Welt mit nicht einmal 500 Einwohnern ist 44 Hektar groß, dazu kommt noch der extraterritoriale Besitz, wie die Sommerresidenz der Päpste in Castel Gandolfo. Hinter der vatikanischen Mauer liegen unter anderem ein Bahnhof, ein Hubschrauberlandeplatz, eine Druckerei, eine Mosaikwerkstatt, eine Radiostation, die Kaserne der Schweizergarde sowie die Vatikanischen Gärten. Außerdem gibt es hier mehrere Tankstellen, wo die Angestellten des Vatikans steuerfrei, und damit preiswert, tanken können. In der internationalen Apotheke in der Nähe der Porta di Sant'Anna kaufen auch die Römer gerne ein, weil es dort Artikel gibt, die in italienischen Apotheken nicht angeboten werden. Interessant für Lateiner: Der Geldautomat im Vatikanstaat wurde von Padre Reginald Forster in lateinischer Sprache „programmiert". Der Latein-Experte des Vatikans, aufgrund seiner ausgeprägten Leidenschaft für diese Sprache auch „Latin Lover" genannt, erfand für alles einen lateinischen Ausdruck: *assula minutula electrica* (Mikrochip), *vetatur fumare* (Rauchen verboten), *deductio ex pecunia* (Geld abheben) und *negotium argentarium* (Kontobewegung). Der mit 81 Jahren verstorbene Padre hat als Latinist von vier Päpsten sein halbes Leben im Vatikan gearbeitet und von Geburtstagsgrüßen an Staatsoberhäupter bis zu Enzykliken alles übersetzt. Für den deutschen Papst Benedikt und papa Francesco führte er den Twitteraccount auf Lateinisch (Pontifex_it). Als Lateinprofessor an der Jesuitenuniversität Gregoriana beim Trevi-Brunnen konnte er Generationen von Studenten die Liebe für die „tote" Sprache vermitteln.

Klang der Glocken und das Rauschen des Wassers in den Brunnen, das im Morgenlicht glitzert. Vielleicht setzen wir uns zuerst einmal auf die Stufen bei den Säulen und genießen ganz in Ruhe die Stimmung. Wenn die Sonnenstrahlen den Petersdom in Licht tauchen, ist dies einer der kleinen Momente der Vollkommenheit, in denen einem das Herz aufgehen kann. Wir lassen unseren Blick über den Platz wandern, den wir sicher aus dem Fernsehen kennen, wo er aber ganz anders wirkt. Hier ist alles riesig, allein die Hauptfassade des Petersdoms ist breiter, als ein Fußballplatz lang ist. Von dem zentralen Balkon, der **Benediktionsloggia,** erklingt an hohen

Petersdom

Feiertagen der Papstsegen Urbi et Orbi; außerdem stellt sich hier der frisch gewählte Papst vor. Die Wahl findet in der **Sixtinischen Kapelle** statt, die rechts neben dem Petersdom sehr unscheinbar wirkt. Den Schornstein, aus dem der weiße Rauch aufsteigt, suchen wir hier allerdings vergeblich, denn nur zu diesem Anlass ragt ein langes Ofenrohr aus einem Fenster.

Den Papst können wir übrigens zweimal in der Woche auf dem Petersplatz erleben, einmal mittwochvormittags während der Audienz sowie sonntags um 12 Uhr beim Angelusgebet vom Fenster seines Büros. Es ist das zweite von rechts im obersten Stockwerk des **Palazzo Apostolico,** des großen Palasts mit auffällig vielen Fenstern. Hier wohnten die Päpste, bis Papst Franziskus mit dieser Tradition brach. Während der Papstwahl logieren die Kardinäle in der **Domus Sanctae Marthae,** einem von Schwestern geführten Gästehaus im Vatikanstaat. Dort fühlte sich Papa Francesco so wohl, dass er nach seiner Wahl 2013 einfach dort wohnen blieb.

Der Petersplatz ist übrigens nicht kreisrund, wie wir vielleicht meinen könnten, sondern eine Ellipse. Die Säulengänge an den Seiten stellte sich der Architekt Gian Lorenzo

Bernini als Arme vor, die alle Pilger auf dem Platz umarmen. Zweimal im Jahr sieht es hier besonders schön aus, einmal zur Weihnachtszeit, wenn neben dem **ägyptischen Obelisken** eine Krippe und der große Christbaum stehen, und zu Ostern, wenn mit Olivenbäumen, Palmzweigen und bunten Blumen aus Holland festliche Stimmung und ein Hauch Frühling einziehen.

Noch eine Besonderheit: Rechts oben an der Hausecke wacht seit dem 7. Dezember 1981 Maria über den Platz. Johannes Paul II. ließ das Marienbild nach dem Attentat auf ihn am 13. Mai 1981 anbringen, denn er führte seine Genesung auf die Fürsprache der Gottesmutter zurück.

Nun ist es Zeit für den ⑤ **Petersdom.** Zunächst müssen wir dafür die Sicherheitskontrolle passieren, außerdem Schultern und Knie bedecken. Den Dom haben wir frühmorgens fast für uns allein; er entfaltet um diese Zeit seine ganz besondere spirituelle Aura. Morgenlicht fällt in dicken Strahlen durch die Fenster. Es herrscht Stille, und das tut gut. Wir können uns ganz in Ruhe umschauen. Dabei kann uns ein Gefühl der Überwältigung überkommen, denn alles in dieser Kirche

Weihwasserbecken im Petersdom

Pietà von Michelangelo

ist überdimensional, angefangen von den pummeligen Engeln an den gelben Weihwasserbecken. Gleich rechts vom Eingang steht hinter Glas die weltberühmte Skulptur **Pietà von Michelangelo.** Der damals nur zwanzigjährige Künstler hat der Gottesmutter Leben eingehaucht, die Trauer um ihren Sohn steht ihr ins Gesicht geschrieben. Der Körper von Jesus liegt leblos auf ihrem Schoß, schlaff hängt der Arm herunter, auf dem wir sogar die Adern sehen. Fast vergessen wir hier, dass es sich um Marmor handelt, nicht um Menschen aus Fleisch und Blut.

In den Seitenschiffen liegen zahllose Altäre und Denkmäler, die Päpsten und Heiligen gewidmet sind. Es werden hier auch zwei große Frauen verehrt, denen wir nun begegnen: Das **Denkmal für Christina von Schweden** (1626–1689) am ersten Pfeiler im rechten Seitenschiff erkennen wir an dem Medaillon aus Bronze. Die Königin, die zum katholischen Glauben gewechselt hatte, war eine berühmte Konvertitin und wurde hier von der Kirche entsprechend präsentiert. Weiter vorne steht an einem Pfeiler die **Statue der Markgräfin Matilde von Canossa** (1046–1115), früher eine der mächtigsten Adeligen Italiens. Sie ist in die Geschichte eingegangen durch ihre vermittelnde Rolle bei der Begegnung zwischen dem Papst und König Heinrich im Jahr 1077, dem sogenannten Gang nach Canossa.

Nun spazieren wir durch das Hauptschiff in Richtung Altar. Wohin wir auch schauen: Gold, Marmor, Pracht. Kein Wunder, dass es sage und schreibe 120 Jahre dauerte, bis die Kirche fertig war. Der Dombau war übrigens keine reine Männerdomäne, es gab auch einige Handwerkerinnen, die allerdings recht wenig bekannt sind. Ein Beispiel finden wir im rechten Seitenschiff hinter dem dicken Samtvorhang in der Sakramentskapelle. Dort steht auf dem Altar ein Tabernakel

mit Intarsien aus Lapislazuli von der Steinmetzin Francesca Bresciani. Der blaue Stein aus Afghanistan war damals unglaublich teuer. Nicht einmal kleine Reste davon durften die Baustelle verlassen, denn sie wurden zur Herstellung von blauer Farbe verwendet.

Auf dem Fußboden im Hauptschiff entdecken wir entlang der Längsachse Inschriften mit den Längen von Kirchen aus der ganzen Welt. Etwa in der Mitte finden wir den Speyerer Dom und den Kölner Dom mit jeweils 134 Metern. Unglaublich, die beiden Kirchen passen komplett in den Petersdom!

Eine weitere Besonderheit: Alle Bilder an den Altären sind in Wirklichkeit Mosaike aus unzähligen bunten Glaswürfeln. Sie wurden vor Jahrhunderten in der heute noch bestehenden Mosaikwerkstatt im Vatikan hergestellt. Gerne verschenkt der Papst übrigens Mosaike aus dieser Werkstatt, zum Beispiel bei seinen Besuchen.

Nun gelangen wir vor den **Hauptaltar** mit dem Baldachin aus Bronze. Er ist fast so hoch wie ein zehnstöckiges Haus – das würden wir niemals schätzen, selbst wenn wir

Inschrift Länge Kölner und Speyerer Dom

Baldachin unter der Kuppel

direkt davorstehen. Auch hier entdecken wir viele interessante Details, die sich erst auf den zweiten Blick enthüllen. Zum einen ist er von Bienen-Darstellungen bevölkert, wir können einmal versuchen, sie zu zählen. Sie sind das Wappentier der Familie Barberini, die damit nicht sparsam war, im Petersdom gibt es etwa 500 davon. Zum anderen blicken uns von den Wappen rund um die Sockel der Säulen kleine Frauengesichter an, von denen jedes einen anderen Gesichtsausdruck hat. Diese Gesichter haben viele Legenden inspiriert, angeblich stellen sie die einzelnen Phasen einer Geburt dar, aber ihre wahre Bedeutung werden wir wohl nie erfahren.

Wenn wir nach oben in die von Michelangelo entworfene **Peterskuppel** blicken, kann es uns fast schwindlig werden, denn es geht 120 Meter in die Höhe. Die Innenwand ist mit goldschimmernden Mosaiken bedeckt, jedes Mosaiksteinchen wurde einzeln von Hand gesetzt. Michelangelo ließ sich hier vom Pantheon inspirieren, das er sehr bewunderte. Die fertige Kuppel hat er allerdings nie gesehen, denn

Peterskuppel

Die Kuppel bietet einen herrlichen Blick auf die Vatikanischen Gärten und ganz Rom.

als er mit 89 Jahren starb, war sie noch nicht vollendet; ihr Anblick würde ihn heute sicher mit Stolz erfüllen.

Im Inneren der Kuppel prangt das lateinische Bibelzitat TU ES PETRUS ET SUPER HANC PETRAM AEDIFICABO ECCLESIAM MEAM (Du bist Petrus und auf diesen Felsen werde ich meine Kirche bauen). Das ist hier ganz wörtlich zu verstehen, denn die Kirche liegt tatsächlich über dem Petrusgrab, das vor einigen Jahrzehnten gefunden wurde. Die Archäologen

Blick von der Peterskuppel

Petrusstatue

mussten dabei sehr vorsichtig vorgehen, da die Gefahr eines Einsturzes von Teilen der Kirche bestand. Dabei wurde auch eine römische Nekropole entdeckt, von der nur ein kleines Areal erforscht ist, der Großteil ruht noch wie ein riesiges Geheimnis unter dem Dom.

Rechts vor der Kuppel sitzt eine Petrusfigur aus Bronze mit Schlüsseln und Sandalen, die Zehen seiner Füße wurden vom Streicheln der Pilger im Lauf der Jahrhunderte abgerieben. Am 29. Juni, dem Fest von Peter und Paul, das übrigens in Rom Feiertag ist, wird die Statue mit einem goldenen Papstgewand bekleidet.

Nun machen wir noch einen Abstecher zu einem Werk des Künstlers Bernini, das wir uns auf keinen Fall entgehen lassen sollten: das **Denkmal für Papst Alexander VII.** Vom Hauptaltar biegen wir links und dann rechts ab. Wir blicken hier auf einen Vorhang aus rötlichem Marmor mit imposanten Falten, darunter ein geflügeltes Skelett mit einer Sanduhr, das Symbol der Vergänglichkeit. Die Frauenfigur links mit dem Baby verkörpert die Nächstenliebe, rechts steht die Wahrheit mit der Sonne; wie wir sehen, waren früher die Kunstwerke voller versteckter Symbolik. Alle Figuren sind in Bewegung, das gruselige Gerippe und die Dramatik des Faltenwurfs sorgen für Spezialeffekte – hier haben wir barocke Kunst in Reinform!

Zum Abschluss können wir in die **Grotten** unter der Kirche hinabsteigen, wo sich das Grab von Benedikt XVI. befindet und direkt daneben der Sarg der Christina von Schweden. Durch die Grotten gelan-

gen wir dann wieder in die Eingangshalle der Kirche und von dort nach rechts über die Treppe zum Petersplatz. Rechts ist die Schweizergarde nicht zu übersehen, die Uniformen in kräftigem Blau-Rot-Gelb sind ihr Markenzeichen. Die Schweizer schützen seit 1506 den Papst, begleiten ihn auf seinen Reisen und bewachen die offiziellen Eingänge zum Vatikanstaat. Sie müssen katholisch, ledig, zwischen 19 und 30 Jahre alt und mindestens 1,74 Meter groß sein. Die Garde geht übrigens mit der Zeit; die Helme stammen neuerdings aus dem 3D-Drucker.

Wir queren den Petersplatz nun nach links und gelangen durch die Kolonnaden zum **Largo del Colonnato.** Jetzt stehen wir wieder auf italienischem Staatsgebiet und können erst mal einen Schluck frisches Wasser aus dem ❻ **Tiara-Brunnen** trinken. Der Brunnen besteht aus den Symbolen der Päpste, Tiara und Petersschlüssel, die auf allen alten Papstwappen abgebildet sind. Die Bögen aus Ziegelstein hinter dem Brunnen gehören zum *passetto*, dem einstigen Fluchtweg der Päpste in die Engelsburg. Wir gehen unter den Bögen durch, biegen linker Hand in die **Via del Mascherino,** die uns direkt auf die **Piazza del Risorgimento** und

Tiara-Brunnen

zur **Via Cola di Rienzo** bringt. Um den Menschenmassen und Souvenirläden auszuweichen, können wir die Via Cola di Rienzo auch über die kleinen Gassen des mittelalterlichen Viertels Borgo erreichen, die uns mit dem einen oder anderen malerischen Anblick erfreuen: Wir biegen rechts in den **Borgo Pio,** links in die **Via del Falco** und queren die **Via Stefano Porcari,** dann geht es in die **Via di Pomponio Leto,** über die **Via Crescenzio** in die **Via Varrone,** die uns direkt zur **Via di Cola di Rienzo** führt. Auf der gegenüberliegenden Straßen-

Gassen des Borgo

seite liegt nun der **Mercato dell'Unità** (Via di Cola di Rienzo 261) vor uns, eine Markthalle von 1928 mit schöner Fassade. Der Markt war einst zweigeschossig und hatte auf dem Dach eine Eislaufbahn. Leider werden die Marktstände immer weniger, weshalb er heute etwas verlassen wirkt, aber zum Glück gibt es noch Urgesteine wie Signor Luciano und Signor Ortensio, die hier seit 1965 Käse, Schinken und Oliven verkaufen. Die beiden 80-Jährigen bedienen ihre Kunden professionell und galant: *per favore, prego Signora!* Hier macht Einkaufen mit einer ganz persönlichen Note Spaß.

Den heutigen Spaziergang können wir auf der beliebten Einkaufsstraße ➐ **Via Cola di Rienzo** mit erlesenem Shopping als Kontrastprogramm perfekt abschließen. Ein Stopp bei **Castroni** (Via Cola di Rienzo 196/198) sollte nicht fehlen, der Laden ist in Rom eine Institution. Hier gibt es ausgewählte Spezialitäten aus Italien und aller Welt, von Schokolade bis Tee. Der Familienbetrieb aus dem Jahr 1932 wird heute in vierter Generation geführt. In jeder der mittlerweile 13 römischen Filialen arbeitet ein Mitglied der Familie Castroni. Direkt daneben liegt die traditionsreiche Parfümerie **Bertozzini dal 1913** (Via Cola di Rienzo 192/194). Wenn wir uns mit einem edlen Geschenk verwöhnen möchten, sind wir am richtigen Ort: Wir können hier in ausgefallenen Düften, Naturschwämmen, Hornkämmen und anderen stilvollen Produkten schwelgen. Die Geschichte der Parfümerie begann im Jahr 1913,

aber der große Durchbruch kam in den 1950er-Jahren, als sie Theaterschminke an die römischen Filmstudios lieferte, unter anderem für die Produktion des Films „Quo Vadis". Eine lange Tradition hat auch das elegante **Kaufhaus Coin** (Via Cola di Rienzo 173), das mit seinen zahlreichen Filialen in Rom sehr beliebt ist. Shopping macht durstig und wir haben uns eine Erfrischungspause verdient. In dieser Gegend gibt es viele Lokale, Cafés und Eisdielen, die auch von Einheimischen gerne besucht werden. An der **Piazza Cola di Rienzo** können wir gemütlich in einem Straßencafé sitzen und dem lebendigen Treiben zuschauen. Hier geht es laut und temperamentvoll zu, eben typisch italienisch. Gestärkt und voller Eindrücke biegen wir von der Via Cola di Rienzo in die **Via Tacito** oder die **Via Cicerone,** die uns zur ❽ **Piazza Cavour** bringen. Der Platz mit dem Standbild von Camillo Cavour liegt vor dem riesigen Justizpalast mit dem höchsten Gericht Italiens. Hier befinden sich gleich zwei historische Läden: die **Enoteca Costantini** (Piazza Cavour 16 b), ein stadtbekanntes Spirituosengeschäft mit einem gut gefüllten Weinkeller, und das **Studio13MakeUp** (Piazza Cavour 13), wo es Theaterschminke, Utensilien und Bühnen-Make-up gibt. Auf den Bänken unter Palmen können wir eine kleine Verschnaufpause machen, bevor wir mit einer der zahlreichen Buslinien von hier in die Stadt zurückfahren. 🌳

Signor Ortensio in der Markthalle

Start/Ziel: Piazza di Spagna, 00187 Rom
Länge: ca. 3,6 Kilometer
Dauer: ca. 3 Stunden
ÖPNV: Haltestelle Spagna, U-Bahn-Linie A
Parken: Ludovisi Parking, Via Ludovisi 48, 00187 Rom

Unterwegs entdeckt:

1 Spanische Treppe (Scalinata di Trinità dei Monti)
2 Trevi-Brunnen (Fontana di Trevi)
3 Piazza Colonna
4 Palazzo Montecitorio
5 Pantheon
6 Piazza Navona
7 Ara Pacis
8 Augustus-Mausoleum (Mausoleo di Augusto)

Essen + Trinken:

Fornaio della Sardegna, Via delle Carozze 85, 00187 Rom, Tel. +39 06 84 38 28 65 (Bäckerei mit Spezialitäten aus Sardinien)
Pandali, Via di Torre Argentina 3, 00186 Rom, Tel. +39 06 68 13 67 31, www.pandali.it (von drei Frauen geführter Laden mit liebevoll zubereiteten glutenfreien Imbissen)
Il Margutta veggy food & art, Via Margutta 118, 00187 Rom, Tel. +39 06 32 65 05 77, ilmargutta.bio (Roms erstes vegetarisches Restaurant seit 1979)

Pralle Lebensfreude
im Herzen der Stadt

Mitten im quirligen Leben beginnt an der Spanischen Treppe unser Rundgang durch die historische Altstadt. Beim Bummel durch die vielen eleganten Einkaufsstraßen, das Regierungsviertel und über die berühmten Plätze der Stadt faszinieren immer wieder die schicken Römerinnen und Römer und das lebhafte Treiben in den engen Gassen. Wir begegnen architektonischen Highlights aus der Antike und idealen Orten für kleine Genusspausen.

Wir gehen zunächst die Scalinata di Trinità dei Monti, die
❶ **Spanische Treppe,** hinauf, um uns einen Überblick zu verschaffen. Frühmorgens begegnen uns manchmal Hochzeitspaare beim Fotoshooting und von Ende April bis Mai verwandeln Azaleen die Treppe in ein Blumenmeer. Die bezaubernde Freitreppe mit ihren Terrassen ist eine perfekte Kulisse und ein beliebter Drehort; sie wurde von zahlreichen Filmen ins Rampenlicht gerückt, von „Go Trabi Go" bis zu „Mission: Impossible 7". Oben erwartet uns ein grandioser Blick über die Dächer Roms und die **Piazza di Spagna** mit der Luxusmeile **Via dei Condotti.** Direkt neben der Kirche Trinità dei Monti liegt das Luxushotel Hassler mit livrierten Pagen am Eingang: Es wird in fünfter Generation von einer Schweizer Hoteliersfamilie geführt und ist bei Promis beliebt. Im Gästebuch stehen Namen wie John F. Kennedy, Lady Di, Grace Kelly, George Clooney, Tom Cruise und Woody Allen, die alle die weltberühmten Stufen hinuntergegangen sind, was wir jetzt auch tun.

Wieder unten angekommen, können wir am Schiff-Brunnen kühles Quellwasser trinken. Es gilt, auf den Trittsteinen das Gleichgewicht zu halten. Ganz in der Nähe liegen gleich zwei reizende Lokale: **Babington's Tea Room** (Piazza di Spagna 23) von 1893 wird heute noch von der Familie Babington geführt; in dem nostalgischen Ambiente gibt es Tee nach feinster englischer Tradition. Historisches Flair hat auch das **Café Greco** (Via dei Condotti 86), das ehemalige deutsche Künstlercafé. Hier trafen sich die Künstler, stellten ihre

3 CENTRO STORICO

Spanische Treppe

Bilder aus und verkauften sie als Souvenir an Romreisende. Beide Lokale stammen aus vergangenen Jahrhunderten, als die Gegend das Fremdenviertel Roms war. Heute dagegen schlägt hier das Herz der Mode. In der **Via dei Condotti** liegen die Nobelboutiquen mit spektakulären Schaufenstern und luxuriösen Interieurs, sogar die Türsteher versprühen Glamour. In den Auslagen des Juweliers Bulgari gegenüber dem Café Greco funkeln Diamanten und wir können uns gut vorstellen, warum Liz Taylor hier so gerne einkaufte, wenn sie gerade in den römischen Filmstudios drehte. In ihrem Nachlass befand sich eine ganze Sammlung von Bulgari-Juwelen.

Rechts von der Spanischen Treppe entdecken wir ein besonderes Kleinod: das **Keats-Shelley-Haus.** Die ehemalige Wohnung des englischen Dichters der Romantik William

Via dei Condotti

Keats ist heute ein Museum und ein Ort zum Träumen.

Wir schlendern weiter zur **Piazza Mignanelli** mit der riesigen Säule. An der Marienfigur oben wird jedes Jahr am 8. Dezember, dem Hochfest der unbefleckten Empfängnis, ein Blumenkranz aufgehängt. Am Platz liegen drei große Paläste: **Palazzo Gabrielli-Mignanelli** mit dem Reich des Modeschöpfers Valentino; wir erkennen ihn am großen V über dem Eingang. Hier werden Träume aus Stoff kreiert; in jeder Kollektion ist etwas Rotes dabei, das berühmte *Rosso Valentino*, Symbolfarbe des Hauses. Eine Frau in Rot ist immer wunderbar, findet der König der Mode, der in dem Palazzo wohnt. Gegenüber liegt der Palast der **Spanischen Botschaft beim Heiligen Stuhl,** der ältesten Botschaft der Welt. Dieser Gesandtschaft von 1622 verdankt die Piazza di Spagna (Spanischer Platz) ihren Namen. Und drittens der **Palazzo di Propaganda Fide** mit der weiß-gelben Flagge des Vatikans. Wo früher Missionare ausgebildet wurden, wird noch heute die missionarische Tätigkeit der katholischen Kirche koordiniert. Der Palast gehört übrigens zum extraterritorialen Staatsgebiet des Vatikan *(zona extraterritoriale)*. Rechts vom Palazzo di Propaganda Fide geht es jetzt in die **Via di Propaganda.**

In der Via di Propaganda 3 liegt der Traditionswäscheladen Helene-Rossati Merletti, wo es bezaubernde Nachthemden aus Batist und Spitze gibt.

An der Kreuzung mit der Via della Mercede begegnet uns links die Kirche **Sant'Andrea delle Fratte,** ein Wallfahrtsort mitten in Rom, wo die Römer zur Madonna dei Miracoli beten und wir von feierlicher Stille empfangen werden. Im zauber-

haften Innenhof mit Zitronenbäumen nehmen wir uns Zeit, um Energie zu tanken und dem Plätschern des Brunnens zu lauschen. Nun geht es in die **Via di Sant'Andrea delle Fratte** und nach links in die **Via Nazareno,** wo wir rechts hinter einem Giller noch mehrere Bögen eines römischen Aquäduktes erkennen können. Einen besonders gut erhaltenen Abschnitt davon sehen wir auch im Kellergeschoss des Luxuskaufhauses **Rinascente** (Via del Tritone 61), das unbedingt einen Besuch wert ist – nicht zuletzt wegen der herrlichen Dachterrasse, wo wir mit einem Glas Prosecco den Sonnenuntergang zelebrieren können. Wir überqueren nun die **Via del Tritone** in Richtung **Via della Stamperia** und vernehmen schon bald das Rauschen des ❷ **Trevi-Brunnens.** Der Brunnen mit dem tosenden Wasserfall ist einfach eine Wucht! In der Mitte steht die Figur des Okeanos, des Vaters aller Flüsse, oben auf der Fassade die vier Jahreszeiten, dargestellt durch weibliche Figuren, und in der Mitte prangt ein Papstwappen.

Mariensäule

Vorsicht, hier ist es richtig voll und leider tummeln sich auch viele Taschendiebe in der Menschenmenge. Immer am Montag, Mittwoch und Freitag frühmorgens können wir zuschauen, wie die Münzen aus dem Brunnen gefischt werden. Dazu wird das Wasser abgestellt und Arbeiter saugen das Geld mit einem speziellen Sauger auf. Das Auto der römischen Caritas steht dann schon bereit, um die schweren Geldsäcke abzuholen. Jährlich kommen etwa 1 bis 2 Millionen Euro für wohltätige Zwecke zusammen.

In der Kirche dei Santi Vincenzo e Anastasio gegenüber dem Brunnen befinden sich ganz besondere Reliquien: 22 Papstherzen. Offiziell heißen sie *precordi dei pupi* – der römische Volksmund machte daraus die „heiligen Eingeweide" (*sacre budella*). Sie sind allerdings in die Altarwände eingelassen und nicht sichtbar.

Trevi-Brunnen

Wir biegen links vom Brunnen in die **Via dei Crociferi,** die uns direkt zur **Galleria Alberto Sordi** führt. Unter dem farbigen Jugendstil-Glasdach der frisch restaurierten Einkaufsgalerie haben wir es im Sommer schön kühl und können eine kleine Pause in einer edlen Konditorei einlegen. Wenn wir auf der anderen Seite der *galleria* wieder herauskommen, beeindruckt uns sofort die **Colonna Antonina.** Auf dieser antiken Marmorsäule sind Szenen aus den Kriegen der Römer gegen die Germanen dargestellt, die einst auch bunt bemalt waren. Wir überqueren nun die **Via del Corso,** die längste Einkaufsmeile Roms. Besonders am Wochenende ist die Straße extrem bevölkert, denn auch die Römer kommen dann sehr gerne zum Shoppen und Flanieren hierher. An der ❸ **Piazza Colonna,** dem Platz mit der Säule, sind wir mitten im **Regierungsviertel.** Hier befindet sich im historischen **Palazzo Chigi** der Sitz der italienischen Regierung, weshalb der Platz immer von Journalisten belagert ist, die sich mit ihren Mikros um Politiker drängen, um ein paar Statements zu ergattern.

Fußballfans kommen an der Piazza Colonna im Fanshop des Vereins AS Roma auf ihre Kosten. Im Wappen trägt er die römische Wölfin mit den Zwillingen sowie die Stadtfarben Orange und Rot. Den Namen des Vereins sollten wir ken-

Piazza Colonna

Palazzo Montecitorio

nen, wenn wir in Rom mitreden möchten, denn er gehört zur Stadt wie das Kolosseum. Fußball heißt auf Italienisch *calcio* und wird hier sehr ernst genommen.

Die **Via della Colonna Antonina** bringt uns zur **Piazza Montecitorio,** wo uns der ägyptische Obelisk ins Auge fällt; er wurde von Kaiser Augustus nach Rom gebracht und war der Zeiger einer großen Sonnenuhr. Im ❹ **Palazzo Montecitorio** dahinter befindet sich der Sitz der italienischen Abgeordnetenkammer. Die Parlamentarier sitzen gerne im **Cafè Giolitti** (Via Ufficio del Vicario 40), wo sich ebenfalls stets Journalisten tummeln. Das Giolitti ist eine herrlich altmodische Eisdiele mit einem großen Jugendstil-Saal, wo wir von Kellnern leckere Eisbecher serviert bekommen. Das *gelato* ist hausgemacht, ganz besonders schmecken die Sorten Champagner, Zabaione und Gnutella. Am Tresen aus grünem Marmor können wir den *barista* beobachten, wie er im größten Betrieb ganz geschickt mit den Kaffeetassen und der Espressomaschine hantiert.

Über die **Via in Aquiro** gelangen wir zur **Piazza Capranica,** wo im Schaufenster der **Farmacia Internazionale Capranica** (Piazza Capranica 96) wunderschöne Naturschwämme auffallen. Am Platz liegen gleich zwei Weinlokale mit Tischen zum Draußensitzen. In dieser Gegend gibt es viele Souvenirläden, aber dazwischen verbergen sich wie Juwelen ab und an edle Geschäfte. Bei **Stilo Ferretti** (Via degli Orfani 82) werden seit 1893 elegante Füller und andere Schreibutensilien verkauft, eine wahre Fundgrube für alle, die gerne noch mit der Hand schreiben. Ganz in der Nähe gibt es bei **De Sanctis 1890** (Piazza di Pietra 24) traumhafte italienische Keramik. Nun lockt uns der Duft von frisch geröstetem Kaffee in die Kaffeerösterei **Tazza d'Oro** (Via degli Orfani 84), eine Institution

in Rom. Hier können wir ein Paket Kaffeebohnen oder frisch gemahlenen Kaffee kaufen. Gegenüber gibt es bei der Cioccolatiera **Venchi** (Via degli Orfani 87) köstliches Eis und feine Schokolade. Am Ende der Gasse erblicken wir schon das ❺ **Pantheon.** Der Tempel aus dem zweiten nachchristlichen Jahrhundert ist ein Wunderwerk der Architektur und das einzige komplett erhaltene antike Bauwerk der Stadt. Eine riesige Kuppel aus römischem Beton überspannt den Innenraum, der Anblick ist absolut faszinierend und macht das Pantheon trotz der vielen Menschen zu einem Kraftort. Durch das große Loch in der Kuppel regnet es tatsächlich hinein, das Wasser läuft jedoch durch kleine Löcher im Boden ganz schnell wieder ab. Von oben schütten zu Pfingsten Feuerwehrmänner säckeweise rote Rosenblütenblätter, die dann ins Pantheon schweben und für den Heiligen Geist stehen, der sich in Form von „Feuerzungen" auf die Menschen ergießt. Der einstige Tempel ist heute eine Kirche und Ruhmeshalle, wo der italienische König Vittorio Emanuele II, der Künstler Raffael und weitere Persönlichkeiten begraben sind. Wir begeben uns auf der rechten Seite des Pantheons in die **Via della Rotonda** und

Pantheon

Vier-Ströme-Brunnen

dann rechts in die **Via della Palombella,** die uns zur **Piazza Sant'Eustacchio** führt. Hier liegt die gleichnamige Kirche, dem heiligen Eustachius geweiht, einem der vierzehn Nothelfer, der wie der heilige Hubertus Schutzpatron der Jäger ist. Der Heiland soll ihm während der Jagd erschienen sein, weshalb sein Symbol das Hirschgeweih mit einem Kreuz ist; wir sehen es auf dem Dach anstatt einer Kuppel. Zu Weihnachten steht in der Kirche eine der hübschesten Krippen Roms. Auch hier duftet es wieder verlockend nach Kaffee, denn an dem kleinen Platz befindet sich eine weitere römische Rösterei, die **Torrefazione Sant'Eustacchio.** Sie ist sehr beliebt, was wir an den oft langen Warteschlangen erkennen. Hier können wir im Sommer eine köstliche *granita di caffè* genießen, das ist gefrorener Espresso mit Sahne, oder schokolierte Kaffeebohnen kaufen. Weiter vorne in der **Via degli Staderari** kommen wir an einer riesigen Granitwanne aus einer antiken Therme vorbei. Im gelben Palast, dem Palazzo Madama, hat der Senat seinen Silz, eine Kammer des italienischen Parlaments, daher die vielen *carabinieri*, Dienstwagen und Poller. Gleich links können wir am Bücherbrunnen (Fontana dei Libri) unsere Wasservorräte auffüllen. Von hier gelangen wir auf den **Corso del Rinascimento,** wo **Dolciumi Frutta Secca** (Corso Rinascimento 8) einen Besuch wert ist. In dem kleinen Laden gibt es erlesene italienische Süßigkeiten, trockene Früchte und zu Weihnachten köstlichen *torrone*. Das Geschäft existiert schon seit den 1930er-Jahren, als hier die damals exotischen Bananen verkauft wurden. Vielleicht finden wir das eine oder andere süße Souvenir für unsere Lieben daheim. Wir queren den **Corso del Rinascimento,** biegen rechts in die **Via dei Canestrari** ein und stehen dann plötzlich nach den engen Gassen der Altstadt auf einem offenen Platz. Die ❻ **Piazza Navona** ist einfach grandios! Mitten darauf fasziniert der Vier-Ströme-Brunnen von Gian Lorenzo Bernini mit vier großen Wasserfällen – ein Fest für die Augen! Das Wasser strömt aus Felsspalten, es sieht aus, als würden die Flüsse direkt im Gestein entspringen. Vier muskulöse Männerkörper symbolisieren jeweils einen großen Fluss (Donau, Nil, Rio de la Plata, Ganges) und damit die damals bekannten Kontinente. Ein Obelisk krönt den Brunnen, darauf sitzt eine Taube mit Palmzweig, dem Wappentier von Papst Innozenz X., das wir auch auf der Fassade der Kirche **Sant'Agnese** wiederfinden. Unter der Piazza Navona verbirgt sich in 5 Metern Tiefe ein antikes Leichtathletik-Stadion, von dem der Platz seine längliche Form hat. Wo heute die Häuser stehen, saßen einst 30.000 Zuschauer auf den Tribünen, die immer noch im Untergrund liegen. Das Stadion geht auf Kaiser Domitian (51–96 n. Chr.) zurück, der in Rom viele Spuren hinterlassen hat; er vollendete den Bau des Kolosseums und errichtete einen großen Kaiserpalast auf dem Palatin. In den Cafés rund um die *piazza* können wir gemütlich sitzen und die Menschen beobachten. Im familiengeführten **Ristorante Tre Scalini** (Piazza Navona 30–35) schauen die Eigentümer Antonio und Alessandro persönlich nach dem Wohl der Gäste.

In der Kirche Santa Maria dell'Anima kann man Messen in deutscher Sprache besuchen.

Die Piazza Navona verlassen wir in nördliche Richtung, gelangen auf die **Piazza delle Cinque Lune** und rechts in die **Via di Sant'Agostino** und von dort links in die **Via della Scrofa.** Sie geht in die **Via di Ripetta** über, wo wir nach den charmanten Altstadtgässchen voller Leben und Geschäften nun an der **Piazza Augusto Imperatore** wieder in die antike Geschichte der Stadt eintauchen. Hier liegt in einem gläsernen Schrein die **7 Ara Pacis,** der Friedensaltar des Kaisers Augustus aus dem Jahr 9 v. Chr. Von außen ist der römische Marmoraltar mit seinen Reliefs gut zu erkennen: Dargestellt ist eine Prozession der kaiserlichen Familie; die Szenen waren in der Antike bunt bemalt. An der Außenwand des Gebäudes sind in Bronzelettern die „Res Gestae" eingelassen; eine Art Memoiren des Kaisers. Der Museumsbau im puristischen Stil des amerikanischen Architekten Richard Meyer wurde zum Geburtstag der Stadt am 21. April 2006

Ara Pacis

eingeweiht. Das ❽ **Augustus-Mausoleum** direkt gegenüber blickt wie die Engelsburg auf eine wechselvolle Geschichte zurück; im Inneren des Mausoleum Augusti lagen früher eine Stierkampfarena und später eine Konzerthalle. Wir umgehen die Piazza Augusto Richtung **Via dei Pontefici,** queren die Via del Corso, biegen nach rechts ab und gleich wieder links in die **Via della Croce.**

Im eleganten Schreibwarengeschäft **Vertecchi** (Via della Croce 70) macht Stöbern Freude, und außerdem können wir das berühmteste italienische Dessert beim König des Tiramisù, **Pompi** (Via della Croce 88), kosten. Nun geht es nach rechts in die **Via Mario de' Fiori,** eine weitere hübsche Gasse, die uns zur **Via dei Condotti** führt. Vor uns liegt nun die Spanische Treppe und

Augustus-Mausoleum

wir sind zurück an unserem Ausgangspunkt. Unseren Rundgang können wir jetzt perfekt in der charmanten **Via Margutta** abschließen, die mit ihren herabhängenden Ranken von wildem Wein bezaubert. Hier lag früher das Künstlerviertel mit zahlreichen Ateliers, die heute exklusive Apartments sind. In einem der Innenhöfe (Via Margutta 51) wurden Szenen des Films „Ein Herz und eine Krone" (1953) mit Audrey Hepburn gedreht. In dem romantischen Hof scheint die Zeit stehen geblieben zu sein; wir erleben hier eine der erstaunlichen verborgenen Oasen mitten in der Stadt. Das römische Pflaster hat es in sich und vielleicht möchten wir nun unseren Füßen etwas Dolce Vita gönnen: Im **Behar Beauty** (Via Margutta 55) werden wir wie eine Römerin mit einer wohltuenden Fußpflege verwöhnt. Am anderen Ende der Via Margutta erwarten uns im **Il Margutta veggy food & art** vegetarische Spezialitäten vom Feinsten. Genüsslich können wir hier den Tag ausklingen lassen und beim Schlemmen noch etwas von Gregory Peck auf der Vespa träumen.

4 VILLA BORGHESE

Start: Piazza di Spagna, 00187 Rom
Ziel: Galleria Nazionale d'Arte Moderna (GNAM), 00197 Rom
Länge: ca. 4,2 Kilometer
Dauer: ca. 3 Stunden
ÖPNV: Haltestelle Spagna, U-Bahn-Linie A; am Ziel: Haltestelle Galleria Arte Moderna, Straßenbahnlinie 19
Parken: Parcheggio Saba Villa Borghese, Via del Galoppatoio 33, 00197 Rom

Unterwegs entdeckt:

1 Villa Medici
2 Aussichtsterrasse Pincio
3 Antinoos-Obelisk
4 Wasseruhr
5 Goethemonument
6 Galleria Borghese

7 Zoo (Giardino Zoologico, heute auch Bioparco)
8 Galleria Nazionale d'Arte Moderna e Contemporanea (GNAM)

Essen + Trinken:

Il Gianfornaio, Via di San Sebastianello 6, 00187 Rom, Tel. +39 06 23 48 70 06, www.ilgianfornaio.com (Traditionsbäckerei bei der Piazza di Spagna, in der es vom Frühstück bis zum Aperitif alles gibt)
Caffè delle Arti, Via Antonio Gramsci 73, 00197 Rom, Tel. +39 06 32 65 12 36 (stilvolles Museumscafé in der Galleria Nazionale d'Arte Moderna)

Die Seele im Grünen baumeln lassen

Die Villa Borghese, eine wahre Oase mitten in der Stadt, ist der älteste Park Roms. Der ehemalige Lustgarten der römischen Adelsfamilie Borghese lädt zum Bummeln und Träumen ein. Auf der herrlichen Aussichtsterrasse des Pincio genießen wir den unvergesslichen Ausblick mit der Peterskuppel im Hintergrund. Dieser Spaziergang bietet besonders entspannende Momente im Grünen, wo wir alle Hektik hinter uns lassen.

Rechts von der U-Bahn-Haltestelle bei den großen Palmen beginnt auf der **Piazza di Spagna** unser Spaziergang. Von hier führt uns die **Via di San Sebastianello** vorbei am **Cafè Gianfornaio,** wo wir uns belegte Brote (*panini* oder *tramezzini*) für ein Picknick im Grünen kaufen können, aufwärts in Richtung Viale della Trinità dei Monti. Oben fällt uns gleich ein großer weißer Palast mit zwei Türmchen auf, das ist

die ❶ **Villa Medici,** die ehemalige römische Residenz der florentinischen Medici-Familie. Hinter dem *palazzo* liegt ein herrlicher Renaissancegarten, einer der zahlreichen verborgenen Schätze der Stadt. Den Garten sowie einige Innenräume können wir auf einer geführten Tour entdecken (www.villamedici.it/en/individual-visits). Heute hat hier übrigens die französische

Villa Medici

Akademie ihren Sitz, wo Kunststipendiaten eine Zeit lang wohnen können. In einer großen Schale auf dem Vorplatz sprudelt Wasser aus einer alten Kanonenkugel. Die Legende will, dass Christina von Schweden im 17. Jahrhundert diese Kugel von der Engelsburg abgefeuert hat. Nun geht es nach links in die **Viale della Trinità dei Monti,**

Ausblick vom Pincio

einen der schönsten Panorama-wege der Stadt. Wir blicken von hier über die Dächer Roms und auf traumhafte Penthouse-Wohnungen mit begrünten Terrassen; sie kosten siebenstellige Beträge. An einer Weggabelung biegen wir rechts in die **Viale Adamo Mickievicz** ein, die uns direkt zur beliebten ❷ **Aussichtsterrasse Pincio** führt. Die Terrasse ist immer gut besucht, besonders gegen Abend kommen viele Einheimische und Touristen hierher, um den Sonnenuntergang zu erleben. Wir lassen unseren Blick bis zur Peterskuppel schweifen und genießen das grandiose Gefühl, hoch oben über der Stadt zu sein. Um diesen Glücksmoment zu verewigen, sollten wir unbedingt ein Selfie vor dem fantastischen Panorama machen. Unter uns liegt die **Piazza del Popolo,** einer der größten Plätze Roms. Die *piazza* war das Erste, was Reisende aus dem Norden früher von Rom sahen, denn hier liegt das nördlichste Stadttor. Durch dieses Tor betraten auch Martin Luther, Christina von Schweden und Goethe die Stadt. Der Dichter wohnte übrigens nur ein paar Häuserblocks entfernt in der Via del Corso; in der einstigen Künstlerpension befindet sich heute das **Goethemuseum** (Museo Casa di Goethe, Via del Corso 18). Der Corso, der links am Platz beginnt, ist Roms längste Einkaufsmeile und besonders am Wochenende extrem bevölkert. Eine der beiden Kuppeln linker Hand gehört zur sogenannten Künstlerkirche (Chiesa degli artisti), wo oft Trauerfeiern für italienische Fernsehstars und Schauspieler stattfinden, wie zum Beispiel für Bud Spencer und Gina Lollobrigida. Auf der anderen Seite der *piazza* direkt am alten Stadttor liegt die Augustinerkirche **Santa Maria del**

Popolo, die von Luther mehrmals besucht wurde und durch den Film „Illuminati" bekannt ist. Der original ägyptische Obelisk mitten auf dem Platz überragt mit seinen 26 Metern locker jede der drei Kirchen.

Wenn wir uns auf dem Pincio sattgesehen haben, geht es zurück zur **Viale Adamo Mickievicz** und von dort in die **Viale dell' Obelisco,** wo uns an der Piazza Bucarest der ❸ **Antinoos-Obelisk** begegnet. Dieser Zwerg mit seinen nur 10 Metern erinnert an eine ganz besondere Liebe. Der römische Kaiser Hadrian stiftete ihn nämlich einst zur Erinnerung an seinen jugendlichen Liebhaber Antinoos. Die Hieroglyphen-Inschrift erzählt von der Trauer

In der Kirche Santa Maria del Popolo gibt es zwei berühmte Gemälde des Malers Caravaggio zu sehen.

Piazza del Popolo

Wasseruhr

Hadrians über den Tod des schönen Jünglings, der unter geheimnisvollen Umständen im Nil ertrank. Im Mittelalter galt diese Liaison als sündig und die Erinnerung daran wurde überall ausgelöscht. Diese Inschrift entging nur deshalb der Zerstörung, weil damals niemand die ägyptischen Schriftzeichen entziffern konnte. Von der Viale dell'Obelisco biegen wir links in die **Viale dei Bambini** und erreichen die ❹ **Wasseruhr** in einem ganz besonders malerischen Fleck des Parks. Die alte Uhr steht wie verwunschen mit Pflanzen überwachsen in einem kleinen See. Ihre Zeiger werden durch die Kraft des Wassers bewegt, der Mechanismus funktioniert noch heute. Wir gehen links weiter und dann gleich wieder rechts in die **Viale dell'Orologio.** Entlang der Wege stehen Büsten von Literaten, Künstlern und Entdeckern – von Leonardo da Vinci bis zu Christoph Kolumbus. Nun überqueren wir auf einem Viadukt die **Viale del Muro Torto,** wo

entlang der antiken römischen Stadtmauer der Verkehr quer durch den Park geleitet wird. Hier beginnt die **Viale delle Magnolie,** eine große Allee mit prächtigen Duftmagnolien. Die Viale ist die Trainingsstrecke der römischen Skater – sie sind richtig gut und das Zuschauen macht Spaß! Wir bummeln dann weiter über die Allee bis zur **Piazzale delle Canestre** und biegen nach rechts in die **Viale San Paolo del Brasile,** wo wir schon bald das ❺ **Goethemonument** mit der Figur des Dichters erblicken.

Goethemonument

Um den Sockel des Monuments sitzen seine literarischen Figuren: Doktor Faust, Mephisto, Mignon, Lothario, Iphigenie und Orest – hier denken wir eventuell an die Deutschstunden in der Schule. Goethe ging sehr gerne in der Villa Borghese spazieren, die von seiner römischen Unterkunft nur einen Katzensprung entfernt war. Mit 37 Jahren steckte er damals in einer tiefen Lebenskrise und erlebte in Rom eine Art Wiedergeburt; voller Lebensfreude entdeckte er die Stadt und – last but not least – die Erotik: „Uns ergötzen die Freuden des echten nackten Amors / Und des geschaukelten Betts lieblich knarrender Ton." Er hatte 1786 in Weimar die Kutsche bestiegen und zwei Monate später Rom erreicht. Die Reise führte über die Alpen, am Gardasee entlang und über Venedig, wo er zum ersten Mal das Meer sah. Am 29. Oktober kam er an der Piazza del Popolo an und blieb fast zwei Jahre in seiner Lieblingsstadt.

In der Viale Goethe können wir bei Bici Pincio ein Fahrrad mieten und gemütlich durch den Park gondeln.

Hinter dem Monument führt uns die **Viale Goethe** zu einem Brunnen aus einem antiken Marmorsarg mit geflügelten Siegesgöttinnen – ein typisch römisches Antiken-Recycling. Kindern wird es hier nicht langweilig: Es gibt ein Karussell und ein Kino für kleine Zuschauer (Cinema dei Piccoli). Die Großen kommen gegenüber in der **Casa del**

Brunnen aus einem Marmorsarg

Cinema auf ihre Kosten. Das Haus des Kinos bietet neben einem Café drei Kinosäle und ein Open-Air-Kino. Es ist mit seinem Kulturprogramm ein beliebter Treffpunkt in Rom.

Wir gehen nun die Viale Goethe einige Schritte zurück und gelangen links über die **Viale della Casina di Raffaello** zum **Tempietto di Diana.** Der runde Tempel ist der Jagdgöttin Diana gewidmet, denn im Park fanden früher die Jagdausflüge der Familie Borghese statt. Von hier geht es rechts in die **Viale dei Pupazzi** bis zur **Piazza di Siena.** Sie ist von der berühmten Piazza di Campo in Siena inspiriert, wo jährlich der *Palio* stattfindet, eines der härtesten Pferderennen der Welt. Die Familie Borghese stammte ursprünglich aus Siena und wollte mit diesem Platz an ihre Heimatstadt erinnern. Hier finden jedes Jahr Reitturniere statt, die schon von illustren Gästen wie Grace Kelly und Königin Elisabeth II. besucht wurden.

Nun befinden wir uns in einem besonders schönen Teil der **Villa Borghese** mit vielen kleinen Pfaden, abgelegenen Plätzen und Brunnen; vor allem am Sonntagmorgen sind die Wege von Joggern und Familien mit Fahrrädern bevölkert. Vielleicht setzen wir uns auf eine Parkbank und schauen uns etwas um, wir werden sicher viele Menschen entdecken, die auf ihre ganz eigene Weise die grüne Oase

genießen: Liebespaare und Leseratten, die es sich auf Schattenplätzen unter Pinien bequem gemacht haben, Pfadfinder, die im Gänsemarsch durch das Gras stapfen, eine Yogagruppe beim Sonnengruß …

Eventuell bekommen wir auch Lust, uns ins Gras zu legen und in die Baumkronen zu schauen, dabei lassen wir unsere Gedanken vorbeiziehen wie die Schäfchenwolken am römischen Himmel und vergessen ein paar Momente lang alles um uns herum.

Nun geht es weiter zur **Piazzale dei Cavalli Marini,** wo eine Brunnenschale von vier Wasserpferden getragen wird. Von hier halten wir uns rechts in die **Viale dei Cavalli Marini** und dann links in die **Viale del Museo Borghese,** an deren Ende die ❻ **Galleria Borghese** wie eine kleine Sahnetorte vor uns liegt. An der **Piazzale Museo Borghese** befindet sich der Haupteingang des Museums. Das ehemalige Lustschlösschen mit der Kunstsammlung und die gesamte Parkanlage gehen auf den römischen Kardinal Scipione Borghese zurück. Der 80 Hektar große Garten wurde um 1600 von Top-Landschaftsgärtnern angelegt; außer zahlreichen Brunnen gab es einen Weinberg und Maulbeerbäume zur Seidenraupenzucht. Die Sammlung des schöngeistigen Kardinals umfasste neben Gemälden und antiken Statuen auch Raritäten wie Fossilien, seltene Pflanzen,

Villa Borghese

Piazzale dei Cavalli Marini

Uhren und Muscheln. Der leidenschaftliche Kunstmäzen förderte den damals verschmähten Maler Caravaggio, von dem die Galleria Borghese einige Gemälde besitzt. Außerdem bietet das kleine Museum hochkarätige Werke von Lukas Cranach, Raffael und dem Venezianer Tizian. Einen Besuch wert sind besonders die Skulpturen von Gian Lorenzo Bernini, deren Sinnlichkeit noch heute fasziniert. Ein beeindruckendes Detail sind die Fettpölsterchen der Proserpina, die aussehen wie echt. An das Museum schließen sich links entlang der **Viale dell'Uccelliera** mehrere Gärten und Volieren hinter hohen Mauern an, die wir nur von außen sehen können. Hier hätten wir einst exotische Vögel und Tulpen bestaunt, die erst im 17. Jahrhundert nach Europa kamen und damals außergewöhnlich waren. Besonders am Wochenende ist dieser Weg voller römischer Familien mit ihren *bambini* und es geht dann sehr lebhaft zu. Rechts erreichen wir nun den Haupteingang in den ❼ **römischen Zoo,** den Giardino Zoologico, heute auch Bioparco genannt. Der älteste Zoo Italiens wurde 1908 in Zusammenarbeit mit Carl Hagenbeck entworfen, der ein damals revolutionäres Konzept mit Gräben statt Käfigen erfand. Am 2. November 1910 kamen die ersten Tiere aus Hamburg mit der Eisenbahn nach Rom, das war sicher ein außergewöhnlicher Anblick. Wir können übrigens neben dem Zoo auch das städtische Zoologie-Museum besuchen.

Weiter geht es nach links in die **Viale del Giardino Zoologico.** Rechts oben im Gelände des Zoos wohnen im Dickicht Montecristo-Ziegen, wilde Ziegen von der italienischen Insel Montecristo, die dort extrem abgeschieden leben. Falls wir hier laute Schreie hören, stammen sie von Eseln, die ebenfalls im Zoo leben. Wir erreichen nun den **Largo Pablo Picasso** mit dem Tal der Welpen (Valle dei

Cuccioli), ein wahres Paradies für Hunde, wo große, kleine, alte und junge Vierbeiner ohne Leine über die Wiese rennen dürfen. Schräg gegenüber führt eine schmale Treppe nach oben zu einem kleinen See, hier ist die Stimmung auf einmal ganz romantisch. Zwischen den Ruderbooten mit verliebten Paaren ziehen Schwäne elegant ihre Bahnen. Auch ein Blick auf die Flora ist interessant: Rechts in der **Viale del Lago** begegnet uns eine mächtige 300 Jahre alte Steineiche. Diese immergrünen Eichen sind typisch mediterran und können bis zu 500 Jahre alt werden.

Nun geht es nach rechts in die **Viale dell'Aranciera** und durch einen römischen Torbogen. Ab hier heißt der Weg **Viale Madama Letizia** und führt uns vorbei am Pushkin-Monument zur **Piazzale Ahmed Shawky,** wo uns eine schöne Aussicht auf die ❽ **Galleria Nazionale d'Arte Moderna e Contemporanea (GNAM)** erwartet. In dem Kunstmuseum aus dem 19. Jahrhundert sind Skulpturen sowie Gemälde von Impressionisten, Futuristen und Surrealisten in eleganten Räu-

GNAM

men besonders apart präsentiert. Wir können in diesem ruhigen Ambiente jetzt eine erbauliche Kunstpause einlegen. Die Kombination der Bilder mit farbigen Wänden ist ungewöhnlich und eine Freude für die Augen. Es macht Spaß, ganz in Ruhe durch die Ausstellung zu wandeln und einfach die Kunstwerke auf sich wirken zu lassen. Sicher finden wir dabei ein Werk, das uns ganz besonders anspricht und vor dem wir etwas ausgiebiger verweilen möchten. Im Museumscafé **Cafè delle Arti** können wir zum Abschluss unseres Rundganges auch ohne Museumsbesuch einkehren. Direkt vor der GNAM ist die Haltestelle der Straßenbahn, die uns Richtung Vatikan bringt; alternativ können wir von hier aus auch wieder durch den Park zur **Piazza di Spagna** zurückspazieren.

Start: Circus Maximus, 00186 Rom
Ziel: Piazza Ostiense, 00153 Rom
Länge: ca. 3,5 Kilometer
Dauer: ca. 3 Stunden
ÖPNV: Haltestelle Circo Massimo, U-Bahn-Linie B; am Ziel: Haltestelle Piramide, U-Bahn-Linie B
Parken: Parkplätze in der blauen Zone mit Parkschein vom Parkschein-automaten gibt es entlang des Circus Maximus. Sie sind erkennbar an den blauen Markierungen auf dem Boden.

Unterwegs entdeckt:

1. Circus Maximus (Circo Massimo)
2. Rosengarten (Giardino delle Rose)
3. Orangengarten (Giardino degli Aranci)
4. Basilica di Santa Sabina
5. Schlüsselloch mit Blick zum Petersdom
6. Klosterladen der Benediktiner (Negozio benedettino)
7. Nicht-katholischer Friedhof (Cimitero acattolico)

Essen + Trinken:

Volpetti, Via Marmorata 47, 00153 Rom, Tel. +39 37 55 13 08 98, www.volpetti.com (Delikatessenladen mit kleinem Lokal)
Felice a Testaccio, Via Mastro Giorgio 29, 00153 Rom, Tel. +39 0 65 74 68 00, www.feliceatestaccio.com (Lokal mitten im ehemaligen Arbeiterviertel Testaccio, wo die Pasta Cacio e Pepe besonders gut schmeckt)
Checchino dal 1887, Via di Monte Testaccio 30, 00153 Rom, Tel. +39 0 65 74 38 16, www.checchino-dal-1887.com (alteingesessene familiengeführte Trattoria gegenüber vom alten Schlachthof mit typisch römischer Küche)

Orangen, Rosen und der schönste Friedhof

Dieser Spaziergang über den römischen Hügel Aventin führt uns zu zwei ganz besonderen Gärten: dem städtischen Rosengarten und dem Giardino degli Aranci. Der Orangengarten ist ein kleines Stück Paradies, im Frühjahr erfüllt hier der Duft von Orangenblüten die Luft. Zum Abschluss steigen wir auf der anderen Seite des Hügels hinunter bis zu einem echten Kleinod, dem nicht-katholischen Friedhof bei der Pyramide.

An der **U-Bahn-Haltestelle Circo Massimo** kommen wir direkt bei dem riesigen Gebäude der **FAO** (Welternährungsorganisation der Vereinten Nationen) heraus, das wir an der hellblauen Fahne der UN erkennen. Während wichtiger Kongresse sind die bunten Flaggen aller Mitgliedstaaten zu sehen. Wir überqueren die Kreuzung in Richtung **Circo Massimo** und gelangen in die **Viale Aventino,** die von prächtigen Schirmpinien gesäumt ist. Etwas weiter auf der rechten Seite genießen wir von der **Piazzale Ugo la Malfa** einen guten Blick auf den ❶ **Circus Maximus.** Die legendäre Rennstrecke der Antike schmiegt sich ins Tal zwischen den römischen

Circus Maximus

5 AVENTIN

Rosengarten

Hügeln Aventin und Palatin. Im alten Rom saßen bis zu 250.000 Zuschauer auf den Tribünen! Sicher hat die Stimmung gekocht, denn die Römer waren auf Wagenrennen und Pferdewetten ganz versessen. An den antiken Imbissbuden rund um das Stadion, wo auf offener Flamme gegrillt und gekocht wurde, nahm an einem heißen Tag im Sommer des Jahres 64 n. Chr. das Unheil seinen Lauf: Einige der Buden fingen Feuer, das sich, durch den starken Wind angefacht, blitzschnell in der ganzen Stadt ausbreitete. So entstand der oft erwähnte Großbrand Roms, der noch immer Kaiser Nero in die Schuhe geschoben wird – diese Legende hält sich hartnäckig, obwohl sie mittlerweile von Archäologen eindeutig widerlegt ist. Ironie des Schicksals: Den typischen heißen Sommerwind aus Afrika gab es übrigens auch im August 1950 bei den Dreharbeiten zum Film „Quo Vadis" mit Peter Ustinov als Nero. Angeblich waren damals sogar die Löwen zu schlapp, um für die Gladiatoren-Szenen vor der Kamera zu stehen. Vom einstigen Mega-Stadion ist praktisch nichts mehr übrig. Die große freie Fläche wird heute für Veranstaltungen und Rockkonzerte genutzt. Hier treten immer wieder internationale Stars wie die Rolling Stones auf und vor einigen Jahren wurde der Film „Gladiator" mit Live-Orchester gezeigt. Der Kostümfilm-Klassiker „Ben Hur" mit Charlton Heston wurde übrigens nicht hier gedreht. Die Rennbahn wurde dafür am Stadtrand mit 40.000 Tonnen Sand von römischen Stränden nachgebaut.

Hinter dem Circus Maximus erhebt sich der Hügel **Palatin** mit den Resten der antiken Kaiserpaläste. Ab Kaiser Augustus wohnten die römischen Kaiser dort oben in einer Palaststadt.

Links davon ist das weiße **Vittorio-Emanuele-Monument** nicht zu übersehen. Wir gehen vorsichtig – die Straße ist leider heute noch eine Rennstrecke – über den Zebrastreifen auf die andere Seite des Platzes zum Monument des Giuseppe Mazzini, eines Helden im italienischen Risorgimento.

Durch ein Gittertor gelangen wir in die **Via di Valle Murcia,** sie führt leicht aufwärts mitten durch den städtischen **❷ Rosengarten.** Von hier geht es in beide Teile des Giardino delle Rose, der allerdings nur im Frühjahr und Sommer geöffnet ist. Schon in der Antike war dieser Ort den Blumen gewidmet, der römische Schriftsteller Tacitus erwähnt einen Floratempel. Heute gedeihen hier über 1000 Rosenarten aus der ganzen Welt, sogar aus China und der Mongolei. Wir

Orangengarten

können die Rose Chinensis Virdiflora mit ihren grünen Blüten-blättern bewundern und Chinensis Mutabilis, die ihre Farbe wechselt. In dem Areal auf der linken Seite wachsen übrigens die älteren Rosenarten. Das Wunderbare an diesem kleinen Paradies auf Erden ist, dass wir auf dem Rasen zwischen den Rosensträuchern entlanggehen dürfen, was wir ausgiebig nutzen. Wir schnuppern uns durch den Garten, lassen uns vom Duft mancher Rosen betören und vergessen für einige Momente die Welt um uns herum. Der Farbenzauber der Blü-ten ist eine Augenweide. Wie viel Anmut und Schönheit die Natur hervorbringt! An diesem zauberhaften Ort können wir richtig viel Glück tanken.

Wenn wir zur Anhöhe des Gartens die Treppen nach oben schlendern, können wir diesen Glücksmoment verewigen, denn hier ist extra dafür ein begrüntes Herz als Fotorahmen vorgesehen. Nun lassen wir uns auf einer Bank unter Ro-senspalieren nieder und genießen die friedliche Stimmung. Von hier oben haben wir einen Ausblick auf den Garten mit dem Panorama der Stadt im Hintergrund. Beflügelt verlassen wir daraufhin den Rosengarten nach links in die **Via di Santa Sabina,** die uns zur **Piazza di Pietro d'Illiria** führt. Auf diesem Platz fällt zunächst ein großer Brunnen auf, der aus zwei antiken römischen Objekten besteht: einer Badewanne und einem großen Gesicht aus Marmor. Daneben sprudelt kühles Quellwasser aus einem gusseisernen *nasone*, so heißen die römischen Trinkbrunnen. Wir trinken erst mal ein paar kräftige Schlucke. Dabei halten wir das Rohr unten zu, so kommt der Wasserstrahl aus dem kleinen Loch oben auf dem Rohr direkt in den Mund. Damit es mit der Dosierung des Wassers klappt, braucht es nur etwas Übung.

Durch das schmiedeeiserne Gittertor rechts vom Brunnen gelangen wir in den Giardino degli Aranci, den ❸ **Orangengarten.** Zwischen den dunkelgrünen Blättern der Orangenbäume hängen übrigens keine süßen Orangen, sondern Bitterorangen oder Pomeranzen. Die Blütezeit ist im April, dann erfüllt der starke Duft der weißen Blüten den Park. Vom immergrünen Baum werden drei begehrte Duftstoffe zur Parfümherstellung gewonnen: Neroliöl aus den Blüten, Bitterorangenöl aus den Fruchtschalen und Petitgrainöl aus unreifen Früchten und den Blättern. Die grünen Blätter haben nämlich auch Drüsen mit duftendem Öl (Petitgrain). Bitterorangenöl steckt zum Beispiel in frischen Duftwässern wie Kölnisch Wasser. Der romantische Park mit seiner verträumten Stimmung liegt auf dem

Panoramablick

ehemaligen Gemüsegarten der Dominikanermönche und ist auch bei Einheimischen sehr beliebt. Hier genießen wir eine der schönsten Aussichten auf Rom und den Tiber. Besonders magisch ist das Licht gegen Abend, wenn die untergehende Sonne die Silhouette der Stadt in sanftes Gegenlicht taucht.

Nun statten wir einer der ältesten Kirchen Roms einen Besuch ab. Die frühchristliche ❹ **Basilica di Santa Sabina** liegt direkt an der **Piazza di Pietro d'Illiria.** In der Eingangshalle

Santa Sabina

bewundern wir zunächst eine antike Tür aus Zedernholz mit verschiedenen Szenen aus der Bibel. Oben links sehen wir eine der ältesten Darstellungen der Kreuzigung Christi.

Die fast meditative Stille im weitläufigen und nüchternen Innenraum macht diese Basilika zu einem besonders spirituellen Ort. Durch die großen Fenster hoch oben strömt Tageslicht herein, sodass der Raum ungewöhnlich hell wirkt. Wie so oft in römischen Kirchen sind auch hier Säulen eines antiken Tempels verbaut. Eventuell begegnet uns der eine oder andere Dominikanermönch mit schwarz-weißer Kutte, denn gleich neben der Kirche liegt die Hauptverwaltung des Ordens. Der katholische Predigerorden der Dominikaner (lateinisch *Ordo fratrum Praedicatorum OP*) geht auf den heiligen Dominikus im 13. Jahrhundert zurück und war ursprünglich ein Bettelorden, der sich wie die Franziskaner der Armut besonders verpflichtet hatte. Das bedeutet, dass die Brüder ursprünglich ihren Lebensunterhalt durch Betteln bestritten.

Die Kirchen des Aventin sind übrigens in Rom sehr beliebt zum Heiraten, es ist also durchaus möglich, dass wir hier eine Hochzeitsgesellschaft erleben. Bei italienischen Hochzeiten geht es immer sehr elegant zu und es macht Spaß, den Damen in ihren festlichen Outfits zuzuschauen. Filmreif

und völlig unberührt schreiten sie auf schwindelerregenden Absätzen über das römische Pflaster.

Wir bummeln weiter über die **Via di Santa Sabina,** vorbei am **Giardino Sant'Alessio,** der ebenfalls zahlreiche Orangenbäume beheimatet. Nun betreten wir rechts durch einen runden Torbogen den Hof der **Basilica dei Santi Bonifacio e Alessio.** Im diesem Innenhof verteilen Pater Alberto Monnis und seine ehrenamtlichen Helfer jeden Tag Essen an über 100 Bedürftige, auch dank der großzügigen Spenden von Anwohnern, Restaurants und Bäckereien. Sogar Papst Franziskus hat schon Lebensmittel gespendet. Ganz besonders wichtig ist für die Obdachlosen jedoch, ein paar Worte mit den Ehrenamtlichen zu wechseln und ein Lächeln geschenkt zu bekommen. Im Inneren der Kirche sehen wir gleich links in einer Kapelle die liegende Figur des heiligen Alessio, dem die Kirche gewidmet ist. Die Legende will, dass Alessio aus einer reichen römischen Familie stammte und am Tag seiner Hochzeit aufbrach, um in der Fremde als

Santi Bonifacio e Alessio

Bettler zu leben. Nach 17 Jahren kehrte er nach Rom in sein Elternhaus zurück, wo er allerdings nicht erkannt wurde und weitere 17 Jahre als Bettler lebte, bevor er 412 n. Chr. dort starb. Angeblich schlief er unter der alten Holztreppe, die in der Kapelle als Reliquie aufbewahrt wird und gut sichtbar hinter Glas liegt.

Der Fußboden mit den farbenfrohen Ornamenten ist ein echter Hingucker; die Steinmetze des Mittelalters schufen diese wunderbaren Intarsien aus antiken Marmorplatten. Solche Marmorböden finden wir sehr oft in römischen Kirchen.

5 AVENTIN

Schlüsselloch

Sant'Anselmo

Wir verlassen die Basilika wieder und gelangen etwas weiter rechts zur **Piazza dei Cavalieri di Malta,** wo die Villa di Malta, einer der beiden Hauptsitze des Malteserordens, liegt. Das berühmte ➎ **Schlüsselloch mit Blick zum Petersdom** im Eingangsportal zieht immer viele Menschen an. Falls die Warteschlangen nicht zu lang sind, können wir dadurch einen Blick auf die Peterskuppel erhaschen. Als letzte Station auf dem Aventin erreichen wir gleich rechts nach dem Platz durch ein Gittertor die **Kirche Sant'Anselmo,** die für römische Verhältnisse ausgesprochen jung ist, denn sie stammt „erst" aus dem 19. Jahrhundert. In dieser Benediktinerkirche können wir bei der Sonntagsmesse gregorianischen Mönchsgesängen lauschen. Ein mit Zypressen gesäumter Weg führt in den Hof und zum ➏ **Klosterladen der Benediktiner.** Im Negozio benedettino gibt es Spezialitäten aus verschiedenen Klöstern wie Marmeladen, Schokolade, Trappistenbier, Honig und Liköre. Außerdem bekommen wir in der kleinen Bar auch etwas zu trinken. Nach unserer kurzen Pause verlassen wir den Garten wieder, schlendern nach rechts die **Via di Porta Lavernale** hinunter in die **Via Ansinio Pollione** und bis zur **Via Marmorata,** die wir queren. Hier lohnt sich ein Abstecher zum Gewürzladen **Emporio delle Spezie** (Via Galvani 11), in dem es köstlich duftet. Das Geschäft ist das Herzensprojekt einer Gruppe von Freunden mit einer gemeinsamen Leidenschaft für Gewürze. So ist 2009 dieser mit Liebe geführte kleine Laden entstanden, wo es auch Tee und Trockenfrüchte gibt. Er passt

MINIME PERVENITUR. (

Klosterladen

Friedhof

eigentlich sehr gut hierher, denn in dieser Gegend lag im alten Rom der Flusshafen, wo Waren aus aller Welt ankamen. Die Via Marmorata hat übrigens ihren Namen von den antiken Entladekais für Marmor.

Es geht links weiter über die **Via Marmorata,** wo wir rechts in die **Via Caio Cestio** biegen und zum **7 nicht-katholischen Friedhof** gelangen. Wir betreten hier einen der ältesten Friedhöfe Europas, der auf den ersten Blick wie ein üppiger Garten wirkt. Unter Orangenbäumen, Zypressen und Palmen ruhen hier Künstler, Literaten und Diplomaten. Zwischen den etwa 4000 Gräbern wuchern wilde Rosen, Kamelien und Oleander. Dazwischen flanieren Katzen und räkeln sich in der Sonne auf den alten Grabplatten. Sie sind Teil der Katzenkolonie auf dem Cimitero acattolico und werden von freiwilligen Helfern gut versorgt. Kein Wunder, dass sie sich hier pudelwohl fühlen. Auf dem Friedhof ruht sogar ein besonders beliebter Kater aus der Kolonie namens Romeo, wir erkennen die kleine Grabplatte an dem Kätzchen aus Terracotta.

Der Friedhof hat eine lange Geschichte. Er geht zurück auf ein Gräberfeld am Stadtrand, wo Nichtkatholiken beigesetzt wurden, da für sie auf den katholischen Friedhöfen kein

Platz war. Das Gelände in der verrufenen Gegend Testaccio wurde immer wieder von betrunkenen Gästen der Hafenkneipen verwüstet und diente teilweise sogar als Viehweide. Erst nach langem Drängen der preußischen Gesandtschaft erhielt der Friedhof eine Einzäunung und später endlich eine Mauer.

Im zentralen Teil des Friedhofs liegt das Grab von Goethes Sohn August, der in Rom noch vor seinem berühmten Vater starb. Ganz in der Nähe ruht der Dichter Wilhelm Waiblinger, der „junge Wilde" der Biedermeierzeit und Freund von Friedrich Hölderlin. Er lebte in wilder Ehe mit einer Römerin zusammen und starb mit 25 Jahren an einer Lungenentzündung. Einige Grabmale sind voller Pathos; nicht zu übersehen ist der sogenannte weinende Engel aus weißem Marmor, der sich trauernd über ein Grab beugt.

Im älteren Teil des Friedhofs links vom Eingang sind die Grabsteine auf einem grünen Rasen verteilt. Die Gräber der englischen Dichter John Keats, in Rom mit 26 Jahren an einem Lungenleiden verstorben, und Percy Bysshe Shelley, mit 30 Jahren im Meer ertrunken, gehören zu den ältesten. Das Grab der Humboldt-Kinder besteht aus einer einfachen Säule.

Weinender Engel

Grab der Humboldt-Kinder

Grab von Wilhelm Waiblinger

Die kleinen Söhne des preußischen Gesandten Wilhelm von Humboldt wurden bei Nacht hier zu Grabe getragen, auch dies eine herzzerreißende Geschichte.

Auf einer Parkbank können wir zum Abschluss eine Ruhepause mit Blick auf die Cestius-Pyramide genießen. Vielleicht gesellt sich ein Kätzchen auf der Suche nach Streicheleinheiten zu uns. Trotz oder gerade wegen der vielen ergreifenden Schicksale ist dieser Friedhof ein besonders magischer Ort. Das Rauschen des Verkehrs und die Hupgeräusche von der Straße draußen holen uns dann wieder in die Gegenwart zurück. Im Stadtviertel Testaccio können wir im Anschluss ins pulsierende Leben eintauchen, die Lokale dort sind bei Einheimischen sehr beliebt und immer gut besucht.

In der Nähe liegt das lebendige Stadtviertel Testaccio, wo wir in den zahlreichen Lokalen um den alten Schlachthof römische Spezialitäten genießen können.

Vom Ausgang des Friedhofs gelangen wir in wenigen Minuten zur U-Bahn: Wir biegen links in die **Via Caio Cestio,** wieder links in die **Via Nicola Zabaglia** und noch einmal links in die **Viale del Campo Boario.** Sie führt bis zur **Piazza Ostiense** mit der **U-Bahn-Haltestelle Piramide.**

Blick auf die Pyramide

6 AURELIANISCHE STADTMAUER

Start: Piazza Ostiense, 00153 Rom
Ziel: U-Bahn-Haltestelle Circo Massimo, 00186 Rom
Länge: ca. 3,9 Kilometer
Dauer: ca. 3 Stunden
ÖPNV: Haltestelle Piramide, U-Bahn-Linie B; am Ziel: Haltestelle Circo Massimo, U-Bahn-Linie B
Parken: Parkplätze mit Parkschein vom Parkscheinautomaten gibt es in der Viale di Porta Ardeatina. Sie sind erkennbar an den blauen Markierungen auf dem Boden.

Unterwegs entdeckt:

❶ Cestius-Pyramide
   (Piramide Cestia)
❷ Casa del Jazz
❸ Porta San Sebastiano
❹ Via Appia
❺ Mauermuseum
   (Museo delle Mura)
❻ Parco degli Scipioni
❼ Kirche San Giovanni
   in Porta Latina
❽ Caracallathermen
   (Terme di Caracalla)

Essen + Trinken:

100 % Bio, Piazza di Porta S. Paolo 6/a, 00153 Rom,
Tel. +39 0 65 74 77 78, www.centopercento.bio
(Biocafé für eine kleine Pause gegenüber der Pyramide)
Ristorante Romolo e Remo, Via Pannonia 22, 00183 Rom,
Tel. +39 06 77 20 81 87, www.romoloeremo.it
(traditionsreiches Lokal mit typisch römischer Küche)
Rosso, Viale Aventino 32, 00153 Rom, Tel. +39 06 64 42 06 56,
www.ristoranterosso.it (Szenelokal, von Pizza bis Fusionsküche)

Verträumt mit einem Hauch von Geschichte

Ein Spaziergang mit ganz eigener Atmosphäre entlang der antiken römischen Stadtmauer. Reste des mächtigen Schutzwalls sind rund um die Innenstadt verteilt – manche stehen im tosenden Verkehr, andere liegen etwas abseits und laden dazu ein, von der großen römischen Vergangenheit zu träumen. Es hat seinen ganz eigenen Reiz, sich die Zeit zu nehmen und an dieser etwas verschlafenen Strecke entlangzuspazieren. Zum Abschluss bewundern wir die beeindruckenden Ruinen der Caracallathermen.

An der **Piazza Ostiense** empfängt uns ein Hauch Ägypten in Form einer riesigen Pyramide. Sie stammt aus der Zeit, als das Reich am Nil von Rom erobert wurde. Kleopatra und der römische Feldherr Marc Anton nehmen sich daraufhin das Leben; es war das Ende der großen Lovestory mit einer Aura von Luxus, Glamour und Sex. Nach dem Vorbild der Pharaonen-Grabstätten entstanden damals mehrere Pyramiden in Rom, von denen die ❶ **Cestius-Pyramide** als einzige noch erhalten ist. Erbaut wurde sie angeblich in nur 330 Tagen für den wohlhabenden Römer Cestius, dessen Name auf der Fassade gut sichtbar verewigt ist. Nur knappe zwei Jahrhunderte später wurde das Grabmal Teil der römischen Stadtmauer. Damals war es nur eine Frage der Zeit, bis es Germanenverbände nach Rom schaffen würden, und eine Stadtmauer musste möglichst schnell her. In der Eile wurden mehrere Bauten, zum Beispiel auch die Engelsburg, einfach eingearbeitet. Das war römischer Pragmatismus!

Fast einsam steht mitten im tosenden Verkehr das antike Stadttor **Porta San Paolo.** Durch den Durchbruch und

Cestius-Pyramide

Porta San Paolo

die modernen Straßen ist das Tor komplett vom Rest der Mauer getrennt. An dieser Stelle verließ einst die römische Straße **Via Ostiense** die Stadt westlich in Richtung der damaligen Hafenstadt Ostia. Nun geht es über den Kreuzungsbereich der Piazza Ostiense in die **Viale di Porta Ardeatina.** Hier beginnt unser Spaziergang entlang der römischen Stadtmauer, die jetzt auf unserer linken Seite liegt. Wir befinden uns nun übrigens außerhalb des antiken Stadtgebietes. Eine nicht so schöne Ecke umgehen wir geradeaus in der **Via Giovanni Tata,** die uns am **Largo Chiarini Giovanni** wieder auf die Viale di Porta Ardeatina führt. Hier parken teilweise viele Reisebusse, die wir ignorieren und einfach weitergehen, bis vor uns eines der längsten zusammenhängenden Stücke der Mauer liegt und wir einen sehr guten Eindruck von ihrer einstigen Größe bekommen. Eine richtig antike Stadtmauer ist übrigens eine absolute Seltenheit, die meisten Befestigungsmauern in den Städten stammen aus dem Mittelalter. Sicher fallen uns die kleinformatigen Ziegelsteine in der Wand auf. Sie finden sich in allen antiken Bauwerken Roms und wurden damals in den Ziegelbrennereien in millionenfacher Ausführung hergestellt. Der Kern der Mauer besteht jedoch aus römischem Beton, einem extrem innovativen und langlebigen Baustoff, dessen Zauberformel heute noch erforscht wird. Der Beton der Römer war haltbarer als moderner und flickt sogar Risse von allein. Dank dieser ausgefeilten Bautechnik war die Befestigungsanlage in wenigen Jahren fertig.

Hier herrscht trotz einiger Autos eine ganz verschlafene Atmosphäre. Schirmpinien sorgen für kleine Schattenplätze

Kapernsträucher wachsen in den Ritzen der Mauer und haben wunderschöne Blüten. Kapern sind keine Früchte, sondern die noch nicht geöffneten Blütenknospen.

Mauer mit Kapernsträuchern

Papstwappen

und in den Grünflächen längs der Mauer wird der eine oder andere Hund ausgeführt. Manchmal sehen wir hoch oben an der Wand das Wappen eines Papstes, der das Bollwerk restauriert hat. Auch wurde die Mauer im Lauf der Jahrhunderte immer wieder aufgestockt, aber das half nicht immer. Der Gotenführer Alarich schlich 410 durch ein Stadttor, das ein Verräter für ihn geöffnet hatte. Die gotischen Horden plünderten Rom daraufhin drei volle Tage lang. Der Schutzwall erfüllte seine Funktion übrigens noch bis zum 20. September 1870, als italienische Truppen die Mauer durchbrachen, Rom einnahmen und damit das Ende des Kirchenstaates besiegelten.

Rechts kommen wir nun an der stadtbekannten Institution ❷ **Casa del Jazz** vorbei. Hier finden im Sommer gut besuchte Jazzkonzerte unter freiem Himmel statt. Im weitläufigen Park können wir auf einer Bank im Schatten eine kleine Pause machen; im Sommer vernehmen wir dann das beruhigende Zirpen der Grillen. Das Gelände samt der Villa

Die
AURELIANISCHE STADTMAUER

Jahrhundertelang fühlten sich die Einwohner ganz ohne Befestigungsanlage in ihrer Stadt sicher. Als jedoch die Alemannen bis nach Italien vordrangen und Athen von Erulern geplündert wurde, schrillten in Rom die Alarmglocken. Kaiser Aurelian reagierte zeitnah und ließ ab 270 n. Chr. eine hohe Mauer um die Stadt bauen. Die Aurelianische Stadtmauer gehört zu den am besten erhaltenen antiken Verteidigungsanlagen der Welt. Sie hatte 18 Tore, 383 Wachtürme und war ursprünglich etwa 19 Kilometer lang, wovon heute noch circa 12 Kilometer übrig sind. Die Angriffe auf Rom und die zahlreichen Plünderungen der Stadt im Zuge der Völkerwanderung konnten dadurch allerdings nicht mehr aufgehalten werden.

Casa del Jazz

gehörte einem Mafiaboss, wurde 2001 vom Staat beschlagnahmt und dann der Gemeinde Rom zur Verfügung gestellt. Gleich am Eingang der Anlage steht eine Gedenktafel, die an die Opfer der Mafia erinnert.

Nun überqueren wir vorsichtig die große Kreuzung an der **Via Cristoforo Colombo.** Die mehrspurige Straße wurde ab 1937 gebaut, um die Stadt mit dem Meer zu verbinden; sie bringt auch heute noch die Römer an den Strand. Die

In der Casa del Jazz finden im Sommer regelmäßig sehr beliebte Open-Air-Konzerte im Garten statt (www.casadeljazz.com).

großen Bögen sind übrigens moderne Durchbrüche und keine antiken Tore. Auf der rechten Seite jenseits der Kreuzung liegt der Eingang zur **Villa Almone,** der offiziellen Residenz des deutschen Botschafters. Hier finden wichtige Events und große Empfänge der Botschaft statt. Im Erdgeschoss können immerhin 250 Personen empfangen werden.

Links liegt verborgen hinter einem Mauervorsprung die **Porta Ardeatina,** eines der alten Stadttore. Hier sehen wir noch die römischen Pflastersteine mit originalen Wagenspuren und können uns gut vorstellen, was damals für ein Verkehr geherrscht haben muss. Kurz darauf stehen wir vor dem großen Tor ❸ **Porta San Sebastiano,** das noch sehr gut erhalten ist. Hier führt die ❹ **Via Appia** rechter Hand südlich

Via di Porta San Sebastiano

aus Rom heraus. Wir kennen die Römerstraße vielleicht aus dem Kostümfilm „Quo Vadis" von 1951, der unser Bild vom alten Rom geprägt hat. Die Römer trugen darin Sandalen, weshalb dieses Filmgenre auch „Sandalenfilm" genannt wurde. Einige bekannte Szenen wurden auf der Via Appia gedreht, der Großteil des Films entstand jedoch in den römischen Filmstudios Cinecittà; damals bei amerikanischen Regisseuren sehr beliebt, da sie preiswerter als die teuren Studios in Hollywood waren. In der Antike lagen entlang der Straße stadtauswärts Friedhöfe. Von dort stammt der zu einem Brunnen umgemodelte Marmorsarg auf dem kleinen Platz bei der Kreuzung. In der Nähe der Via Appia liegen übrigens auch die berühmten Katakomben, die täglich besichtigt werden können. Wir betreten nun links durch die Porta San Sebastiano einen kleinen Hof, den einstigen Parkplatz für Pferdewagen. Hier liegt der Eingang des Museo delle Mura. Ein Besuch im ❺ **Mauermuseum** lohnt sich auf jeden Fall, denn hier tauchen wir wirklich in die Geschichte ein. Wir können eine kleine Zeitreise machen und einmal wie die römischen Soldaten auf der Mauer spazieren gehen.

Nun geht es noch ein paar Meter stadteinwärts über die **Via di Porta San Sebastiano,** bis wir auf der rechten Seite

Antikes Pflaster

Tor zum Park

ein unauffälliges Tor erreichen, das uns zu einer Treppe führt. Auf dem Weg nach oben können wir linker Hand einen Blick auf die **Scipionen-Gräber** erhaschen, das Familiengrab der antiken römischen Scipionen-Familie. Ohne Publius Cornelius Scipio Africanus (235 v. Chr. – 183 v. Chr.) würde heute wohl kaum mehr jemand von dieser Sippe sprechen. Scipio war einer der erfolgreichsten Feldherren der Geschichte und berühmt durch den Sieg über den afrikanischen Heerführer Hannibal, der mit 37 Kriegselefanten die Alpen überquert hatte.

San Giovanni

Wir gelangen nun in den ⑥ **Parco degli Scipioni.** Zwischen Zypressen, Pinien, Oleander und Palmen laden Bänke zu einer kleinen Auszeit ein. Wasser plätschert aus einem Brunnen, Rentner plaudern, Kinder lachen, die Zeit tröpfelt im Angesicht der alten Mauer träge dahin. Es tut gut, einfach mal an gar nichts zu denken. Vielleicht schließen wir kurz die Augen und atmen den harzigen Duft der Pinien ein. Wenn wir wieder Kraft geschöpft haben, verlassen wir auf der anderen Seite den Park und kommen bei der **Via di Porta Latina** heraus. Rechts sehen wir nun die **Porta Latina,** wo die antike Via Latina die Stadt in Richtung Capua verließ. Dort befand sich einst eine bedeutende Gladiatorenschule. Wir gehen nach links und erreichen gleich rechter Hand einen kleinen Platz. Hier liegt ganz versteckt die ⑦ **Kirche San Giovanni in Porta Latina** mit ihrem mittelalterlichen Campanile. Sie stammt aus der Frühzeit des Christentums

Caracallathermen

und wurde wie viele römische Kirchen mit antiken Materialien gebaut, wie wir innen an den grauen Marmorsäulen erkennen können. Die Stille in der Kirche ist eine Wohltat und vielleicht setzen wir uns einmal hin.

Es geht dann ein ganzes Stück stadteinwärts über die **Via di Porta Latina,** vorbei an der Residenz des kanadischen Botschafters, bis wir zu einer großen Kreuzung kommen. Nun tauchen gegenüber schon die monumentalen Ruinen der ❽ **Caracallathermen** auf, deren Eingang etwas weiter auf der **Viale delle Terme di Caracalla** liegt. Eine Besichtigung lohnt sich unbedingt! Sie waren eine der größten Badeanlagen des gesamten römischen Weltreiches und die noch erhaltenen Reste vermitteln einen sehr guten Eindruck ihrer beeindruckenden Ausmaße. Thermen waren im alten Rom gut besuchte Wellness-Tempel und die sozialen Netzwerke von damals. Wir stellen uns das lebhafte Gewimmel der Badegäste auf den bunten Mosaikfußböden vor und die schwatzenden Menschen am Beckenrand. Für angenehme Temperaturen sorgte schon damals eine Fußbodenheizung.

Massagen und Peelings gehörten hier genauso dazu wie die Epilation mit heißem Wachs. Am Ende wurde die Haut mit purem Olivenöl verwöhnt, in das teilweise Veilchenblüten oder Basilikum eingelegt waren. Duftend, perfekt gepflegt und entspannt verließen die Römer die Therme wieder. Im Mittelalter entstanden in der verlassenen Ruine Weinberge und außerdem verkam sie zu einem riesigen Steinbruch.

Die Säulen und bunten Marmorplatten fanden unter anderem im Dom von Pisa und in der römischen Kirche Santa Maria in Trastevere Verwendung. Zwei antike Badewannen stehen noch mitten im Herzen von Rom als Brunnen auf der Piazza Farnese.

Brunnen auf der Piazza Farnese

In den Sommermonaten verwandeln sich die Caracallathermen für einige Wochen in eine Open-Air-Bühne. Hier treten italienische und internationale Stars von Bob Dylan bis David Garrett auf. In die Geschichte eingegangen ist das Konzert der drei Tenöre Placido Domingo, Luciano Pavarotti und José Carreras. Die Oper „Aida" ist ein Klassiker und immer wieder spektakulär, auch wenn mittlerweile keine echten Elefanten mehr dabei sind. Ein Musikabend zwischen Ruinen unter dem Sternenhimmel gehört zu den schönsten Erlebnissen im römischen Sommer. Bevor wir an der **Haltestelle Circo Massimo** in die U-Bahn steigen, können wir in der **Viale Aventino** eine Erholungspause einlegen. In den zahlreichen Lokalen machen die Mitarbeiter der FAO (Food and Agriculture Organization) Mittagspause und auch am Abend sind sie gut besucht.

Start/Ziel: Largo di Torre Argentina, 00186 Rom
Länge: ca. 2,5 Kilometer
Dauer: ca. 3 Stunden
ÖPNV: Haltestelle Largo Torre Argentina, Buslinien 40, 70, 492
Parken: Parkplätze in der blauen Zone mit Parkschein vom Parkschein-automaten gibt es entlang des Tibers am Lungotevere. Sie sind erkennbar an den blauen Markierungen auf dem Boden.

Unterwegs entdeckt:

1. Katzenforum (Largo di Torre Argentina)
2. Schildkrötenbrunnen (Fontana delle Tartarughe)
3. Jüdisches Viertel (Ghetto ebraico)
4. Tiberinsel (Isola Tiberina)
5. Ponte Sisto
6. Campo de' Fiori
7. Piazza del Biscione
8. Kirche Santa Barbara dei Librai

Essen + Trinken:

Pasticceria Boccione, Via del Portico d'Ottavia 1, 00186 Rom,
Tel. +39 0 66 87 86 37 (klitzekleine koschere Backstube
im Jüdischen Viertel)
Sora Mirella, Lungotevere degli Anguillara, 00186 Rom
(kleiner Kiosk bei der Tiberinsel, wo es im Sommer das beliebte römische
Erfrischungsgetränk *grattachecca* gibt)

Genuss, Geschirr und Grattachecca

Auf diesem Rundgang erleben wir im sogenannten Katzenforum das Dolce Vita der Katzen Roms und genießen im lebendigen Jüdischen Viertel typisch römische Spezialitäten. Auf der Krankenhausinsel überqueren wir den Tiber und spazieren dann ganz entspannt unten direkt am Wasser entlang. Hier ist der Trubel der Stadt überraschenderweise ganz weit weg. Zuletzt gelangen wir zum berühmten Marktplatz Campo de' Fiori – die Stände der Blumenhändler sind ein Fest der Sinne!

Am Platz **Largo di Torre Argentina** sind wir gleich mitten in der römischen Vergangenheit, denn im Zentrum liegt die Area Sacra di Torre Argentina, ein großes Ausgrabungsfeld mit Resten von vier antiken Tempeln, das nach einer Sanierung neuerdings auch von unten besichtigt werden kann. Es ist die Heimat zahlreicher Straßenkatzen, was dem Areal auch den Spitznamen ❶ **Katzenforum** eingebracht hat. Die Tiere haben es hier gut, denn sie werden von einem ehrenamtlichen Verein, der dort seinen Sitz hat, mit Futter versorgt und geimpft; vor allem aber sterilisiert, um ihre Zahl zu reduzieren und damit viel Katzenleid zu vermeiden. Rom war schon immer eine Katzenstadt, hier leben mindestens 300.000 *gatti*, viele davon in den römischen Ruinen, wie zum Beispiel auch im Kolosseum. Wenn sie sich behaglich auf den Resten der antiken Tempel am Largo Argentina räkeln, ahnen sie vielleicht, dass hier die Fortuna Huiusce Diei (Glücksgöttin des heutigen Tages) verehrt wurde. Könnte eine Gottheit besser zur Lebensphilosophie der Samtpfötchen passen?

Das gesamte Areal liegt deutlich unter der heutigen Ebene der Stadt, unter der bis zu 20 Meter historische Schichten schlummern. Durch Erdbeben und Brände entstandener Schutt wurde früher immer planiert und als Fundament für neue Bauten genutzt; hinzu kam der Schlamm zahlreicher Überschwemmungen des Tibers. Der römische Untergrund steckt voller Geheimnisse aus der Vergangenheit, die darauf warten, entdeckt zu werden.

Katzenforum

In der **Via dell'Arco de' Ginnasi** steht ein typisch römischer Trinkbrunnen, wo wir einen Schluck Quellwasser kosten können. Es strömt Tag und Nacht aus den charakteristischen Brunnen, die wegen ihres gebogenen Rohres *nasoni*, also „große Nasen", genannt werden. Zum Trinken gibt es einen Trick, den wir uns ganz leicht bei den Einheimischen abschauen können: Wenn wir das Rohr unten mit dem Finger zuhalten, schießt aus einem kleinen Loch weiter oben ein Wasserstrahl. Die *nasoni* sind mittlerweile auf einer eigenen App erfasst. Einer der ältesten Trinkbrunnen steht zum Beispiel auf der Piazza della Rotonda direkt am Pantheon. Wir queren nun die **Via delle Botteghe oscure** und gelangen in die **Piazza dell'Enciclopedia Italiana,** benannt nach dem größten italienischen Nachschlagewerk, das an diesem Platz seinen Hauptsitz hat. Geradeaus geht es weiter in die **Via Paganica.** Um den Largo di Torre Argentina befinden sich übrigens viele Stoff- und Kurzwarengeschäfte. An der Ecke rechts begegnet uns gleich der charmant altmodische Laden **Branciforte** (Via Paganica 12), wo es Knöpfe einzeln und Borten am Meter gibt. Und nicht weit von hier liegt der Stoffladen **Bassetti Tessuti Roma** (Via delle Botteghe Oscure 51), eines der alten Stoffgeschäfte, die in Rom immer seltener werden.

Vor uns öffnet sich nun der hübsche Platz **Piazza Mattei** mit der Fontana delle Tartarughe, dem ❷ **Schildkrötenbrun-nen.** Um ein großes Becken sehen wir Jünglinge, Delfine und vier kleine Schildkröten, die am Brunnenrand hochklettern. Wie viele Gassen in der Altstadt ist auch die **Via dei Funari,** links vom Brunnen, nach einer Hand-werkszunft benannt. *Funari* waren die Seiler, die in der langen, gerad-linigen Straße die Hanfstränge zu Seilen zusammendrehten. Jetzt geht es in die kleine **Via della Reginella,**

wo wir rechts am Boden einen Stolperstein (Via della Regi-nella 10) sehen. Stolpersteine sind ursprünglich das Projekt des deutschen Künstlers Gunter Demnig; mittlerweile gibt es auch in Rom etwa 300 davon.

Wir treffen nun auf die **Via del Portico d'Ottavia** und be-finden uns mitten im historischen ❸ **Jüdischen Viertel,** dem Ghetto ebraico. Es ist eines der ältesten Judenviertel der Welt und wurde 1555 auf Betreiben des Papstes errichtet. Erst nach der Gründung des italienischen Staates wurde 1870 das Ghetto offiziell aufgelöst. Trotzdem blieben viele jüdische Familien dort wohnen und wurden während der deutschen Besatzung in die Vernichtungslager deportiert. Heute ist die Gegend immer noch der Bezugspunkt der florierenden jüdischen Gemeinde, denn hier liegt die große Synagoge direkt am Tiberufer. Das ehemalige Armenvier-tel hat sich in den letzten Jahrzehnten komplett gewandelt, die Wohnungen sind mittlerweile sehr gefragt und entsprechend teuer. Hier la-den gleich zwei Bäckereien zu einer kleinen Genusspause ein, wie zum Beispiel **La Dol-ceroma** (Via del Portico d'Ottavia 20b), die stadtbekannte österreichische Konditorei, wo es auch hervorragendes hausgemachtes Eis gibt. Besonders wuselig geht es in der **Pastic-ceria Boccione** (Via del Portico d'Ottavia 1) zu, die in fünfter Generation von den Frauen der jüdischen Familie Boccione geführt wird. Die typisch jüdischen Spezialitäten wie die *pizza ebraica* und die *crostata di visciole* sind sehr be-liebt, vor dem unauffälligen Laden stehen die Kunden oft Schlange. In dem winzigen Verkaufs-

In den Gassen

raum direkt vor der verführerisch duftenden Backstube liegen auf riesigen Blechen die manchmal etwas verbrannten Ku-chen, an der Wand hängt das Koscher Zertifikat des obersten Rabbiners. Die Bäckerinnen haben zwar immer alle Hände voll zu tun, aber trotzdem verpacken sie die Torten in hübsche Päkele mit weißem Papier und buntem Geschenkband.

Sant'Angelo in Pescheria

Tiberufer

Tiber mit Synagoge

Die **Via del Portico d'Ottavia** hat sich seit einigen Jahren zur beliebten Essmeile entwickelt und ist von zahlreichen Gaststätten gesäumt, in denen wir die römisch-jüdische Küche genießen können. Einige typisch römische Gerichte gehen nämlich auf die jüdische Tradition zurück. Besonders am Sonntag sind die Lokale auch von Einheimischen gut besucht. Im **Ristorante Gigetto** (Via del Portico d'Ottavia 21/a) sitzen wir draußen malerisch zwischen antiken Säulen. Sie gehörten zur Portico d'Ottavia, einer Säulenhalle aus der Zeit des Kaisers Augustus. Wie so oft fand auch dieses Gebäude später eine neue Verwendung: Im Mittelalter zog hier die Zunftkirche der Fischhändler ein, **Sant'Angelo in Pescheria** (Heiliger Engel vom Fischmarkt). Zu Füßen der Kirche, mitten in den Ruinen, lag nämlich der Fischmarkt, wo auf antiken Marmorplatten Fische aus dem Tiber und dem Meer verkauft wurden. Daher auch der Name der Straße **Via del Foro Piscario** (Straße des Fischmarktes). Wenn wir nun Richtung Tiber gehen, kommen wir links am **Marcellustheater** vorbei. Es war Marcellus, dem Schwiegersohn des Kaisers Augustus, gewidmet, der eine Art Eventmanager war und Spiele für das Volk organisierte. Auf dem Dach des antiken Theaters sehen wir Gärten, denn dort oben liegen edle Wohnungen mit Terrassen.

Der Porzellanladen Leone Limentani (Via Portico d'Ottavia 47) mit seinen labyrinthischen Gängen bietet hochwertiges Porzellan zu reduzierten Preisen.

Spezialitäten der
RÖMISCH-JÜDISCHEN KÜCHE

Carciofo alla giudia: Artischocke auf jüdische Art, in heißem Öl knusprig frittiert

Crostata visciole e ricotta: Gedeckte Mürbeteigtorte mit einer Füllung aus Ricottakäse und Sauerkirschmarmelade. Die Torte ist süß, saftig und einfach köstlich.

Pizza ebraica: Der flache Blechkuchen ohne Backtriebmittel mit Rosinen, Pinienkernen und kandierten Früchten wird traditionell zum Anlass der Beschneidung gereicht

Grattachecca

Wir überqueren die große Verkehrsader **Lungotevere,** die am Tiber entlangführt, gelangen auf die **Ponte Fabricio** und von dort auf die ❹ **Tiberinsel.** Hier stand in der Antike ein dem griechischen Gott der Heilkunst Äskulap geweihter Tempel. In dieser Tradition sind auf der Insel später zwei Krankenhäuser entstanden, die es heute noch gibt. Gleich rechts liegt das **Ospedale Fatebene Fratelli,** eine wichtige Geburtsklinik Roms. Links von der Kirche San Bartolomeo all'Isola ist der Eingang zum jüdischen Krankenhaus. Falls sie geöffnet ist, machen wir einen kleinen Abstecher in die Kirche. Unter dem Altar befinden sich die sterblichen Überreste des heiligen Bartholomäus, der als christlicher Märtyrer im alten Rom gehäutet wurde. San Bartolomeo war die Zunftkirche der Müller, die am Tiber ihre Getreidemühlen betrieben. Sie prägten lange Zeit das Stadtbild, doch durch den Bau der Flußwände ab dem 19. Jahrhundert verschwanden sie komplett. Die hohen Mauern lösten das Problem der Überschwemmungen, die seit der Antike in regelmäßigen Abständen die Stadt heimsuchten.

Über die **Ponte Cestio** verlassen wir die Insel wieder und erreichen den **Lungotevere degli Anguillara.** Gleich rechts

gönnen wir uns nun eine kleine Erfrischung, und zwar eine typisch römische *grattachecca* (sprich: grattakecka). Der Kiosk **Sora Mirella** ist einer der ganz wenigen, wo das Eis noch von einem Block geschabt wird.

Eine breite Treppe direkt daneben führt uns hinunter zur **Tiberpromenade.** Die lange autofreie Strecke mitten in Rom ist einzigartig und ein Paradies für Radfahrer, Jogger und Spaziergänger, besonders in der Morgensonne oder am frühen Abend, denn unten ist der Trubel der Stadt auf einmal weit weg. Hier können unsere Gedanken fließen, so wie das strömende Wasser. Alles fließt, *panta rhei*. Davon beseelt, spazieren wir am Ufer entlang. Zunächst geht es unter der **Ponte Garibaldi** hindurch, einer modernen Autobrücke, die das Stadtviertel Trastevere mit der Innenstadt verbindet. Danach tauchen die großen Bögen der ❺ **Ponte Sisto** auf, einer der ältesten Brücken Roms. Papst Sixtus IV. ließ sie zum Heiligen Jahr 1475 errichten, damit die Pilger von der Innenstadt Richtung Petersdom ziehen konnten. Hier steigen wir wieder nach oben und gehen über die Brücke, die besonders gegen Abend dicht bevölkert ist. Wir überqueren den Lungotevere und gelangen in die **Via dei Pettinari,** wo wir rechts in der Bar Mariani einen richtig guten *caffè* aus der hauseigenen Rösterei genießen können.

Grattachecca ist eine römische Erfrischung aus zu Schnee geschabtem Eis mit Sirup darüber.

Ponte Sisto

Campo de' Fiori

Jetzt geht es Richtung Campo de' Fiori durch das Gewirr der kleinen Gassen. *Avanti*, los gehts: erst links in die **Via Capo di Ferro,** rechts in den **Vicolo delle Grotte,** links in den **Vicolo del Giglio** und nach rechts in die **Via dei Balestrari,** die uns direkt zum Campo de' Fiori führt. Wo die Via dei Balestrari in den Campo mündet, liegen an beiden Ecken zwei traditionelle Spezialitätenläden: links die **Antica Pizzicheria Ruggeri** (Campo de' Fiori 1), ein kleines Schlaraffenland, wo es auch frische hausgemachte *pasta* gibt. Die **Drogheria Conti** (Via dei Giubbonari 55) rechts lohnt ebenfalls einen Besuch.

Das ist
TYPISCH RÖMISCH

Carciofo alla romana: Mit Minze und Knoblauch gefüllte butterweiche Artischocke

Rigatoni all'Amatriciana: Pasta mit Tomatensugo, Wangenspeck und Pecorinokäse

Rigatoni con pajata: Pasta mit Kalbsdärmen im Tomatensugo

Tonnarelli Cacio e Pepe: Eiernudeln mit geschmolzenem Käse und Pfeffer

Coda alla vaccinara: Ochsenschwanz im Tomatensugo

Agretti: Gedünsteter Mönchsbart mit Olivenöl und Zitronensaft

Puntarelle: Spargelchicorée mit einem Dressing aus Knoblauch und Sardellen

Der **6** **Campo de' Fiori** ist einer der ältesten noch bestehenden Markplätze Roms, der leider langsam seinen typischen Charme verliert, weil viele traditionelle Stände verschwinden (wochentags bis etwa 13 Uhr). In der Mitte steht die Bronzestatue von Giordano Bruno, der vor etwa 400 Jahren von der römischen Inquisition als Ketzer verurteilt und hier lebendig verbrannt wurde. In den Lokalen um den Platz ist immer viel Leben, wir können hier also eine schöne Pause einlegen. Wenn wir es etwas ruhiger mögen, bietet sich die charmante **7** **Piazza del Biscione** direkt daneben an, wo es bei **Pancrazio dal 1922** (Piazza del Biscione 92) römische Gerichte gibt. Die Kellerräume des Ristorantes liegen in den Gewölben eines antiken römischen Theaters!

Vom Campo de' Fiori bummeln wir durch die Einkaufsstraße **Via dei Giubbonari** und kommen an einem der kleinsten Plätze Roms vorbei, dem **Largo dei Librari**. Eingekeilt zwischen Häusern steht hier die **8** **Kirche Santa Barbara dei Librai,** ehemals Zunftkirche der Buchhändler. Am Platz liegt das winzige Lokal **Dar Filettaro a Santa Barbara** (Largo dei Librari 88), wo es abends *baccalà fritto* gibt. Die in Teig gehüllten, knusprig frittierten Stockfischfilets sind eine römische Spezialität und richtig lecker. Wir biegen links in die **Via del Monte della Farina,** dann rechts in die **Via dei Barbieri** und gelangen wieder zu unserem Ausgangspunkt, dem **Largo di Torre Argentina.**

Santa Barbara

Zum Schluss noch ein Geheimtipp: Ganz in der Nähe liegt die Wellness-Oase **Acquamadre Hammam** (Via di S. Ambrogio 17), wo uns im Dampfbad wohlige Entspannungsmomente erwarten. Die passenden Accessoires dazu, wie flauschige Bademäntel, Handtücher und schicke Bikinis, finden wir bei dem familiengeführten edlen Wäscheladen **Soiunnucche** (Via Florida 18).

Start/Ziel: Piazza Trilussa, 00153 Rom
Länge: ca. 3,2 Kilometer
Dauer: ca. 3 Stunden
ÖPNV: Haltestelle Lgt Farnesina/Trilussa, Buslinie 280
Parken: Parkplätze in der blauen Zone mit Parkschein vom Parkschein-automaten gibt es am Lungotevere. Sie sind erkennbar an den blauen Markierungen auf dem Boden.

Unterwegs entdeckt:

1. Fontana Acqua Paola
2. Reiterfigur Giuseppe Garibaldi
3. Kanone
4. Reiterfigur Anita Garibaldi
5. Leuchtturm (Faro del Gianicolo)
6. Frauenhaus (Casa Internazionale delle Donne)
7. Villa Farnesina
8. Botanischer Garten (Orto botanico)

Essen + Trinken:

Café Settimiano, Via di Porta Settimiana 1, 00165 Rom, Tel. +39 06 58 33 25 73 (Kultcafé im Retrolook)
Luna e L'Altra, Via di S. Francesco di Sales 1a, 00165 Rom, Tel. +39 06 89 51 08 70 (Bistro in einem schönen Innenhof, Küche mit regionalen Produkten)
Pizzeria dar Poeta, Vicolo del Bologna 45, 00153 Rom, Tel. +39 0 65 88 05 16, www.darpoeta.com (rustikale Pizzeria mit Holzofen und Kultstatus an einem hübschen Platz)

Zauber des Panoramas und Grün für die Seele

Von oben auf Rom zu schauen ist eines der schönsten Erlebnisse in der Ewigen Stadt. Auf diesem Panoramaspaziergang über den Hügel Gianicolo liegt uns das Centro storico mit seinen unzähligen Kirchenkuppeln zu Füßen. Hier lassen wir uns auch von starken Frauen aus Vergangenheit und Gegenwart beflügeln. Im Botanischen Garten, einem kleinen Paradies auf Erden, schwelgen wir im Grünen und nehmen uns Zeit zum Energietanken.

Wir starten an der **Piazza Trilussa,** die nach dem römischen Mundartdichter Trilussa (1871–1950) benannt ist. Von dort geht es in die **Via di Ponte Sisto** und nach links über die Piazza San Giovanni della Malva in die **Via di Santa Dorotea,** an deren Ende wir auf eine kleine Kreuzung stoßen. An der Ecke gegenüber liegt das **Kultcafé Settimiano.** Die historische Bar ist als eine der wenigen nicht mit der Zeit gegangen, sondern zum Glück samt Einrichtung beinahe so geblieben wie früher. Wir können uns hier zur Einstimmung auf den Spaziergang ein typisch römisches Frühstück gönnen, nämlich *cappuccino e cornetto*. Die Tische draußen mit den bunt zusammengewürfelten Stühlen sind sehr begehrt,

Piazza Trilussa

Café Settimiano

im Mai duftet der Kletterjasmin an den Wänden des Lokals mit dem Espresso um die Wette.

Nun geht es weiter über das alte Kopfsteinpflaster der **Via Garibaldi.** Rechts kommen wir an der Glasmanufaktur **Vetreria d'Arte** (Via Garibaldi 55 A) vorbei. Hier wird seit 1900 buntes Glas nach antiken Rezepturen hergestellt. Sie ist einer der wenigen traditionellen Handwerksbetriebe, die sich in Rom noch halten können.

Auf der gleichen Straßenseite liegt weiter vorne ein großes Gebäude mit einem begrünten Innenhof, den wir allerdings nur von außen durch das Portal betrachten dürfen. Es handelt sich um die ehemalige päpstliche Tabakfabrik aus dem Jahr 1742, in der heute eine Kaserne der Carabinieri untergebracht ist. Die Carabinieri sind Soldaten und unterstehen dem Verteidigungsministerium, im Gegensatz zur *polizia*, die dem Innenministerium unterstellt ist. Carabinieri gehören in Rom zum Straßenbild, wir erkennen sie an der Uniform mit blauen Hosen und den charakteristischen roten Seitenstreifen.

Wir biegen rechts in die **Via di Porta San Pancrazio,** wo wir eine breite Treppe hinaufsteigen und zunächst links an der Aussichtsterrasse eine Verschnaufpause einlegen. An Tagen mit besonders guter Weitsicht bilden die schneebedeckten Gipfel des Apennins einen spektakulären Hintergrund zum Panorama der Stadt.

Hier oben lauschen wir dem Tosen der ➊ **Fontana Acqua Paola,** einem der größten Brunnen Roms. Drei große Wasserfälle sprudeln in das weite Becken, wo das Wasser im

Via Garibaldi

Fontana Acqua Paola

Sonnenlicht glitzert wie unzählige Diamanten. Kein Wunder, dass sich Hochzeitspaare gern vor dieser monumentalen Kulisse fotografieren lassen. Wie wir der Inschrift auf der Fassade entnehmen können, wurde die *fontana* von Papst Paolo V Borghese gebaut. Brunnen waren seine Leidenschaft, was ihm den Spitznamen „Fontifex" eintrug. Das Wasser kommt übrigens aus einer Quelle in der Nähe des Lago di Bracciano, einem großen Vulkansee nördlich der Stadt.

Es geht wieder ein kleines Stück über die **Via Garibaldi** zurück und rechts durch ein großes Gittertor, wo die **Passeggiata del Gianicolo** beginnt. Schon bald erblicken wir eine Reihe von Steinbüsten auf Sockeln. Diese Porträts von italienischen Patrioten mit würdevollen Gesichtern werden uns auf der Passeggiata eine ganze Weile lang begleiten, denn der Hügel Gianicolo ist eine Art Open-Air-Ruhmeshalle des italienischen Risorgimento (wörtlich: Wiedererstehung) im 19. Jahrhundert. In dieser Epoche wurde das heutige Italien geschaffen, indem die damaligen Fürsten-

tümer und Königreiche zu einem Nationalstaat verschmolzen. Der Weg dahin war mit Kriegen verbunden und kostete viele Leben, auch hier auf dem Gianicolo wurde gekämpft. Der Kirchenstaat mit Rom wurde übrigens erst 1870 durch italienische Truppen eingenommen und aufgelöst. Daraufhin wurde Rom Hauptstadt von ganz Italien.

Nun erreichen wir das ❷ **Reiterstandbild Giuseppe Garibaldi.** Seine Gefährtin Anita wird etwa 200 Meter weiter mit einem Denkmal geehrt – dazu kommen wir gleich.

Das Belvedere auf der **Piazza Giuseppe Garibaldi** ist eine der beliebtesten Aussichtsterrassen Roms. Von hier schweift unser Blick über die gesamte Altstadt von der Villa Borghese über das Monumento Vittorio Emanuele bis hin zu dem großen Vulkankegel im Süden. Besonders am späten Nachmittag bringen die Sonnenstrahlen die warmen Farben der Stadt zum Leuchten, es ist zum Dahinschmelzen schön. Oft spielt hier ein Straßenmusiker italienische Schlager und macht die romantische Stimmung perfekt. Manchmal braucht es gar nicht viel zum Glücklichsein! Wir kosten in Ruhe diesen Moment aus, für den auch die Einheimischen gerne hierherkommen, denn sie lieben ihre Stadt und finden Roma *bellissima!*

Blick auf Rom im Abendlicht

Garibaldi-Statue

Anita-Garibaldi-Monument

Wenn wir gegen Mittag an der Piazza Garibaldi eintreffen, können wir den täglichen Schuss einer ❸ **Kanone** live miterleben. Jeden Tag um Punkt 12 Uhr wird seit 1847 hier oben eine Kanonensalve abgefeuert; der donnerartige Knall ist in der ganzen Innenstadt zu hören. Der damalige Papst wollte ein einheitliches Signal der offiziellen Zeit senden – anstelle des damals unkoordinierten Glockengeläuts der Stadtkirchen, die noch keine so präzisen Uhren hatten. Es versammeln sich immer viele Schaulustige, am besten sind wir schon ein paar Minuten vorher vor Ort, um uns einen Platz in der ersten Reihe mit Blick auf die Kanone zu ergattern. Sie steht in einem Raum direkt unter der Aussichtsterrasse und wird kurz vor zwölf von Soldaten des Artilleriekommandos nach draußen gezogen. Vorsicht, es wird richtig laut!

Von der gegenüberliegenden Seite des Platzes haben wir einen schönen Blick auf die Peterskuppel, die eingerahmt von Pinien und Zedern vor uns im Tal liegt. Dann schlendern wir weiter entlang der Passeggiata del Gianicolo. Rechts steht ein kleines Puppentheater und ganz in der Nähe die **Villa Lante,** eine hübsche Renaissancevilla. Sie wurde im 16. Jahrhundert für einen Bischof gebaut, der das Panorama zu schätzen wusste, wie wir der Inschrift entnehmen können: HINC TOTAM LICET AESTIMARE ROMAM (zu Deutsch: Von hier kann man ganz Rom bewundern). Die Villa ist heute im Besitz Finnlands und Sitz der Botschaft beim Heiligen Stuhl und des Finnischen Archäologischen Instituts.

Linker Hand erblicken wir nun die ❹ **Reiterfigur von Anita Garibaldi.** Im Damensitz, mit Pistole und ihrem Baby im Arm reitet sie scheinbar in den Himmel hinein; wir meinen beinahe, das Klappern der Hufe zu hören. Um den Sockel des Monuments, der ihre sterblichen Überreste enthält, stellen Figurengruppen Szenen aus ihrem abenteuerlichen Leben dar. Wir sehen an der Schmalseite des Sockels auch Anitas Mann Giuseppe mit der toten Anita im Arm, eine außergewöhnlich ergreifende Szene.

Weiter vorne steht eine Stele der Gemeinde von Palermo zum Gedenken an die sizilianischen Gefallenen in den Freiheitskriegen des Risorgimento. Darauf ist das Symbol Siziliens abgebildet, die sogenannte *trinacria*. Der Gorgonenkopf mit drei angewinkelten Beinen ziert auch die sizilianische Flagge. Ein paar Schritte weiter gibt es an der **Fontanella del Gianicolo** einen Schluck Quellwasser. Gegenüber ist nun der weiße ❺ **Leuchtturm** nicht zu übersehen. Bis vor Kurzem leuchtete der Faro del Gianicolo abends in den italienischen Nationalfarben, aus technischen Gründen sind diese Lichter jetzt nur noch zu besonderen Gelegenheiten zu sehen.

Giuseppe
UND ANITA

Der Seemann aus Nizza Giuseppe Garibaldi (1807–1882) gilt als italienischer Nationalheld. Seine bekannteste Leistung war der Zug der Tausend (Spedizione dei Mille), durch den Sizilien von der Herrschaft der Bourbonen befreit wurde.

Weniger bekannt ist die brasilianische Revolutionärin Anita Garibaldi (1821–1849). Schon früh hatte sie ihren ganz eigenen Willen und als sie eine Revolte live miterlebte, wollte sie selbst Rebellin werden. Sie verliebte sich in Garibaldi, folgte ihm nach Italien und heiratete ihn dort. Fünf Schwangerschaften und zahlreiche Verhaftungen hielten sie nicht von ihrem gefährlichen Leben ab. Schwanger und von Fieber geschüttelt starb sie auf der Flucht an der Seite ihres Mannes.

Blick zum Petersdom

Leuchtturm

Wir steigen nach dem Leuchtturm rechts ein Treppchen nach unten **(Rampa della Quercia)** und können uns nochmals an einem Brunnen erfrischen, bevor wir dem Panoramaweg weiter folgen. Weiter vorne an einem kleinen Platz stehen Buden mit Luftballons und Spielsachen, denn hier liegt das römische **Kinderkrankenhaus Ospedale Bambino Gesù.** Es ist die größte Kinderpoliklinik in Europa, Anlaufstelle für kranke Kinder aus Europa und mittlerweile der ganzen Welt. Die Institution wurde im 19. Jahrhundert als Privatinitiative einer römischen Adeligen gegründet, als es noch keine spezifischen Kinderkrankenhäuser gab. Anfangs wurden dort nur Kinder aus Rom von vier bis zwölf Jahren aufgenommen, sie durften zudem nicht unter chronischen oder ansteckenden Krankheiten leiden. Das *ospedale* gehörl übrigens dem Vatikan und liegt auf dessen extraterritorialem Staatsgebiet.

Direkt an das Krankenhaus schließt sich das Kloster Sant'Onofrio an. An der Wand hinter dem Zaun hängt zwischen Gestrüpp eine Gedenktafel für Johann Wolfgang von Goethe, der diesen Ort besucht hat. Der Panoramaweg endet an der **Piazza di Sant'Onofrio,** wo links oben an einer

Hauswand ein sehr schönes Majolika-Medaillon mit Maria und dem Jesusknaben prangt. In Rom gibt es zahlreiche solcher Marienbilder an Hausecken, die liebevoll *madonnelle* genannt werden. Dieser Brauch geht wohl auf das antike Rom zurück, als die Kreuzungen der Straßen von den Göttern *Lares Compitales* beschützt wurden.

Wir biegen rechts in die **Salita di Sant'Onofrio,** wo es gleich rechts in der **Via di Sant'Onofrio** die Treppe hinuntergeht; so gelangen wir auf die **Via della Lungara,** die wir nach rechts weitergehen. Diese gradlinige Straße in der Nähe des Tibers ist übrigens Teil eines alten Pilgerwegs zum Petersdom und geht auf den Borgia-Papst Alessandro VI. zurück. Bis Ende des 19. Jahrhunderts, als die Flutmauern längs des Tibers entstanden, lag die Straße direkt am Wasser. Ein Abstecher in das Schneideratelier **Atelier TL 180** (Via degli Orti d'Alimberto 1) führt uns in das Reich von Luisa und Tine, die hier Accessoires und Mode aus edlen italienischen Stoffen verkaufen.

Die Via della Lungara führt am **Gefängnis Regina Coeli** (Via della Lungara 29) vorbei. Die Vollzugsanstalt ist in einem ehemaligen Kloster untergebracht und hat dessen Namen Regina Coeli (Maria Himmelskönigin) beibehalten. Viele Zellen liegen nur wenige Meter entfernt von der Terrasse beim Leuchtturm, den wir gerade gesehen haben. Deshalb standen dort oben früher oft

Brunnen

Verwandte der Insassen und brüllten ihre Botschaften für die Gefangenen gut hörbar Richtung Gefängnis. Die Wächter drückten meist aus reiner Menschlichkeit ein Auge zu. In die Geschichte eingegangen ist der Besuch von Johannes XXIII. Die anfängliche Zurückhaltung der Insassen schlug in Begeisterung um, als der Papst spontan einen von ihnen in den Arm nahm. Später besuchten auch Paul VI., Johannes Paul II. und Franziskus das römische Gefängnis.

Nun können wir das **Ristrò Luna e L'Altra** im Frauenhaus für eine wohlverdiente Pause besuchen. Der Eingang liegt etwas versteckt rechts in der Via San Francesco di Sales 1a. Hinter einer unscheinbaren Tür liegt wie so oft in Rom einer der zahlreichen verborgenen Innenhöfe. Komplett abgeschirmt vom Trubel der Straße können wir in dem lauschigen Hof mit Bananenpalmen regionale Spezialitäten genießen. Die Köchin verwendet Zutaten, die aus der Gegend stammen und deshalb (fast) null Kilometer, also *zero chilometro*, transportiert werden müssen.

Das ❻ **Frauenhaus** befindet sich in einem Kloster aus dem 17. Jahrhundert, genannt **Buon Pastore** (der gute Hirte). Hier waren zeitweise das Frauengefängnis und eine der sogenannten Besserungsanstalten untergebracht, wo Prostituierte, unverheiratete und arme Frauen zu einem „anständigen" christlichen Leben geführt werden sollten. Heute bekommen in der Casa Internazionale delle Donne Frauen Hilfe, die in Schwierigkeiten sind, es finden aber auch zahlreiche kulturelle Veranstaltungen statt. An diesem Ort spüren wir eine positive Aura, wie überall, wo Menschen sich für eine gute Sache engagieren.

Villa Farnesina

An der **Via della Lungara** erwarten uns gleich zwei Paläste in bezaubernden Gärten: Zwischen Zypressen, Kamelien und Rosen liegt linker Hand die **7** **Villa Farnesina** (Via della Lungara 230), ein entzückendes Renaissance-Juwel direkt am Flussufer. Der toskanische Bankier Agostino Chigi ließ es um 1500 für sich und seine junge Braut erbauen. Die Feste und Tischgesellschaften im Garten der Villa waren legendär. Um seinen Reichtum zu demonstrieren, ließ er die Gäste einmal sogar das goldene Besteck in den Tiber werfen. Direkt gegenüber auf der rechten Straßenseite im **Palazzo Corsini alla Lungara** (Via della Lungara 10) residierte einst Christina von Schweden. Die Königin hatte am Herrschen keine Freude, nahm den katholischen Glauben an und verließ ihr Reich. Am Abend des 19. Dezember 1655 traf sie in Rom ein und wurde vom Papst persönlich empfangen. Sie war eine schillernde Persönlichkeit, konnte fechten und schießen, sprach mehrere Sprachen und brachte mit ihrer Leidenschaft für Kunstwerke den schwedischen Staat

Palazzo Corsini

immer wieder in Geldnöte. Christina verabscheute die Ehe und wollte sich zeitlebens keinen starren Regeln unterwerfen. Im Garten des Palazzo Corsini ließ sie zahlreiche Zitronenbäume anpflanzen, damals ein besonderer Luxus. Durch die Fenster in der Eingangshalle können wir einen Blick auf den üppigen Garten mit Zedern, Magnolien und Palmen werfen.

Etwas weiter rechts führt uns die **Via Corsini** zu einer grünen Oase mitten in der Stadt, dem **8** **Botanischen Garten Roms.** Hier lassen wir uns von der Natur umarmen und erleben den Garten beim Schlendern über die kleinen Pfade mit allen unseren Sinnen. Wir atmen den Duft der Natur ein und beobachten, wie sich die Sonnenstrahlen im Grün der

Brunnen im Botanischen Garten

Äste verfangen. Im *giardino degli aromi* laden aromatische Pflanzen zum Schnuppern ein, sicher kennen wir viele davon aus der Küche. Bei einer Ruhepause auf einer Bank unter dem Blätterdach fragen wir uns vielleicht, ob Pflanzen eine Seele haben. Das wissen wir nicht, es ist allerdings eindeutig erwiesen, dass Bäume durch sogenannte Blattduftstoffe miteinander kommunizieren. Außerdem wirken Pflanzen beruhigend und fördern die Gesundheit. Wenn wir uns im Grünen aufhalten, sinkt automatisch unser Blutdruck. Dafür können wir der Natur gerne einmal danken, denn Dankbarkeit sorgt für Glücksgefühle und macht dadurch indirekt ebenfalls gesund. Mit leeren Händen und doch reich beschenkt verlassen wir den Orto botanico wieder in Richtung Via della Lungara, wo wir rechts auf ein altes Stadttor und das Cafè Settimiano treffen, dem wir gleich zu Beginn unseres Rundganges begegnet sind – aber das schließt ja eine zweite Kaffeepause nicht aus.

Der
ORTO BOTANICO

Der botanische Garten mit seinen 12 Hektar geht auf einen Medizingarten für Arzneimittelforschung aus dem 17. Jahrhundert zurück. Damals gehörte er der römischen Universität La Sapienza, der er heute noch untersteht. Hier können wir eine der größten Bambuskollektionen Europas und im Gewächshaus etwa 400 Orchideenarten bewundern. Es gibt außerdem einen Aromagarten, Kamelien, Magnolien, kleine Wasserfälle, Seen und einen japanischen Garten mit Kirschbäumen. Ein ganz besonderes Event ist die Kirschblüte im Frühjahr.

Nach dem Stadttor geht es nach links zurück zu unserem Ausgangspunkt, der **Piazza Trilussa.** Wenn wir das Stadtviertel Trastevere noch etwas erkunden möchten, führt uns geradeaus die **Via della Scala** mitten hinein und auch zu der lebhaften **Piazza Santa Maria in Trastevere.** Die **Basilica di Santa Maria in Trastevere** lohnt einen Besuch, hier fällt das Licht besonders stimmungsvoll durch gelbe Fenster in den Kirchenraum. Die Kirche verwandelt sich an Weihnachten in einen riesigen Speisesaal, wo Obdachlose ein Festmahl serviert bekommen. Beim Abendgebet der Comunità di Sant'Egidio (Montag bis Freitag um 20.30 Uhr) erleben wir einen besonders spirituellen Moment.

Im kleinen Laden Anna Retico Design (Vicolo del Cinque 13) verkauft die Schmuckdesignerin ihre ausgefallenen Kreationen.

Unseren Spaziergang können wir perfekt in den malerischen Gassen ausklingen lassen, zum Beispiel mit einer Pizza aus dem Holzofen in der **Pizzeria Dar Poeta.** Die typisch römische Pizza ist übrigens sehr dünn und an den Rändern leicht verbrannt. *Buon appetito!*

Gassen in Trastevere

9 TRIESTE UND SALARIO

Start: Piazza Buenos Aires, 00198 Rom
Ziel: Viale Regina Margherita, Straßenbahnhaltestelle Nizza, 00198 Rom
Länge: ca. 2,5 Kilometer
Dauer: ca. 2,5 Stunden
ÖPNV: Haltestelle Buenos Aires, Straßenbahnlinie 19;
am Ziel: Haltestelle V.le Regina Margherita/Nizza, Straßenbahnlinie 19,
Haltestelle Nomentana/Regina Margherita, Buslinien 60, 62, 66, 82, 90
Parken: Parkhaus Macro Rimessa, Via Cagliari 31, 00198 Rom

Unterwegs entdeckt:

❶ Froschbrunnen
   (Fontana delle Rane)
❷ Feenvilla (Villino delle Fate)
❸ Villa Albani

❹ Goethe-Institut
❺ Peroni-Brauerei
❻ Museo di Arte Contemporanea
   di Roma (MACRO)

Essen + Trinken:

Pasticceria Gruè, Viale Regina Margherita 95, 00198 Rom,
Tel. +39 0 68 41 22 20, www.gruepasticceria.it
(bekannte Konditorei, von Mignontörtchen bis Fruchtgelees)
Dolce, Via Savoia 52, 00198 Rom, Tel. +39 06 8 41 62 79,
www.officinadolce.it (familiengeführte kleine Konditorei,
von Cupcakes bis Gitterkuchen)
Il Salento in una stanza, Via Mantova 12, 00198 Rom,
Tel. +39 06 85 35 01 71, il-salento-in-una-stanza-roma.business.site
(kreative Küche aus dem Salent)
Col Cavolo, Via Cesare Bosi 7, 00198 Rom, Tel. +39 35 17 67 57 34
(sympathisches veganes Bistro)

Jugendstilkleinod und Kunst in der Brauerei

Dieser Ausflug führt uns in die eleganten Wohngegenden der Stadtviertel Trieste und Salario im Nordosten der Stadt. Hier liegen beeindruckende Villen zahlreicher Botschaften und das wenig bekannte winzige Jugendstilviertel Quartiere Coppedè, ein echtes Juwel. Typisch für Rom sind Gegensätze, die wir immer wieder erleben können – das Museum für moderne Kunst im Fabrikgebäude einer ehemaligen Brauerei ist eine echte Überraschung!

Von der **Piazza Buenos Aires** aus starten wir in der **Via Tagliamento**, biegen gleich rechts in die Via Dora, und schon stehen wir vor dem monumentalen Eingangstor des Coppedè-Viertels. Gleich links an einer Säule lesen wir den Namen Coppedè. Gino Coppedè (1866–1927) entwarf zwischen 1915 und 1927 das Jugendstilviertel mit 45 Gebäuden, bei denen der Florentiner Architekt seinen eklektischen Stil voll auslebte. Als er starb, blieb das Projekt unvollendet, sonst wäre das *quartiere Coppedè* größer geworden. In dem winzigen Wohnviertel wurden aufgrund seiner Besonderheit übrigens Szenen für zahlreiche italienische Filme gedreht.

Wir betreten das Coppedè-Viertel durch den Bogen mit dem riesigen Leuchter aus Schmiedeeisen, der uns an eine Ritterburg erinnert. Die Dekoration ist hier wie auch bei allen anderen Häusern Coppedès aufwendig, asymmetrisch und ziemlich bunt zusammengemischt – eklektisch eben, also mit Inspirationen aus verschiedenen Epochen. So finden wir hier Bezüge zur römischen Architektur, vom antiken Triumphbogen bis zum barocken Brunnen, während manche Häuser mit ihren Zinnen

Eingang Coppedè-Viertel

Im Hof der Kirche Santa Maria Addolorata findet an manchen Wochenenden der Mercato Corte Coppedè statt, mit Mode, Accessoires und mehr.

Froschbrunnen

und Türmen teilweise an mittelalterliche Burgen erinnern. Die Innenausstattung der Wohnungen, die wir leider nicht besuchen können, ist luxuriös: glasierte Majolika, edles Parkett und Mosaike im pompejanischen Stil.

Wir gelangen zunächst auf den zentralen Platz **Piazza Mincio** mit der Fontana delle Rane, dem ❶ **Froschbrunnen.** Aus vier Froschmäulern strömt Wasser in große Steinschalen, auf dem oberen Rand des Brunnens sitzen weitere acht Frösche. Wenn wir genau hinschauen, entdecken wir auch Bienen aus Stein. Sie waren das Wappenzeichen der römischen Adelsfamilie Barberini und sind eine Anspielung auf deren intensive Bautätigkeit in Rom während des Barock. In dem Brunnen badeten übrigens angeblich die Beatles nach ihrem Konzert in der nahe gelegenen Kultdisco Piper Club.

Um den Platz herum stehen einige bemerkenswerte Gebäude, wie zum Beispiel das Haus der Spinne (Palazzo del Ragno, Piazza Mincio 4) mit einer riesigen Spinne über dem Eingang und einer offenen Loggia. Besonders bekannt ist das Villino delle Fate in der Piazza Mincio 3, die ❷ **Feenvilla.** Die filigrane Malerei an der Hauswand scheint aus Brokat,

feiner Seide sowie Spitze zu bestehen und erschließt sich
erst bei genauerem Hinsehen. Dargestellt sind historische
Figuren und gemalte Teppiche unter den Fenstern. Am Platz
liegt auch ein namenloses Haus (Piazza Mincio 2) mit einem
beeindruckend dekorierten Eingang voller Friese, Statuen und
Ornamente. In die geometrischen Muster über dem Eingang
ist eine lateinische Inschrift mit Datum und Gruß eingearbeitet: OSPES SALVE ANNO DOMINI MCMXXVI (1926). Auf der
Fassade prangt zwischen Adlern und Jugendstilornamenten
ein weiterer lateinischer Gruß an den Besucher: INGREDERE
HAS AEDES / QUISQUIS ES AMICUS ERIS / HOSPITEM SOS-
PITO (Sinngemäß: Wer auch immer du bist, wenn du dieses
Haus betrittst, wirst du als Freund empfangen).

ERECTA

Feenvilla

Wir biegen von der Via Dora kommend rechts in die **Via Brenta** ein, wo eine römische Wölfin mit den Zwillingen Romulus und Remus die Hauswand ziert (Via Brenta 9). Das nächste Gebäude mit dem schmiedeeisernen Leuchter und fein gearbeiteten Geländer erinnert an einen Renaissancepalast aus der Zeit der Medici (Via Brenta 12/14). Etwas weiter auf der rechten Straßenseite (Via Brenta 26) steht im Innenhof des Gymnasiums Liceo Scientifico Amedeo Avogadro eine **rote Bank.** Solche Bänke finden sich seit einigen Jahren überall in Italien und sollen das Thema „Gewalt gegen Frauen" ins allgemeine Bewusstsein rücken. Sie sind knallrot bemalt, damit sie niemand übersehen kann.

In den Straßen um das Coppedè-Viertel liegen zahlreiche Botschaften, teilweise in wunderschönen historischen Villen, wie zum Beispiel die Botschaft Österreichs beim Heiligen Stuhl (Via Reno 9) und die Türkische Botschaft beim Heiligen Stuhl (Via Serchio 0). Wenn wir mögen, können wir noch etwas auf Entdeckungsreise gehen und uns dabei durch die vornehme Villengegend treiben lassen.

Von der Via Brenta geht es nach rechts in die **Via Ombrone,** wo wir an der Botschaft des Kongo (Via Ombrone 8/10) vorbeikommen. Nun biegen wir rechts in die **Via Arno,** links

Rote Bank

Votivtafeln in der Via Savoia

in die **Via Tanaro** und wieder links in die **Viale Regina Margherita**. Hier lassen wir uns in der preisgekrönten Konditorei **Pasticceria Gruè** (Viale Regina Margherita 95) zu einer Genusspause verführen. Beim Eintreten fällt unser Blick sofort auf die Vitrinen mit appetitlich präsentierten Mini-Törtchen und Macarons, jedes einzelne davon ein kleines Meisterwerk. Im eleganten Café können wir uns die Kreationen des Konditors auf der Zunge zergehen lassen und dabei feststellen: Das Motto der Konditorei *„incontro con la felicità"*, „Rendezvous mit dem Glück", trifft voll ins Schwarze! Beglückt und gestärkt queren wir nun die Viale Regina Margherita in die **Via Savoia.** Gleich zu Beginn können wir auf der rechten Seite durch ein Eisengitter einen Blick auf die ❸ **Villa Albani** erhaschen, die sich leider in Privatbesitz befindet und der Öffentlichkeit nicht zugänglich ist. Die Villa mit dem italienischen Garten gehörte einst dem kunstsinnigen Kardinal Albani (1692–1779) und ist mit dem Namen zweier deutscher Romliebhaber verbunden: zum einen mit Johann Joachim Winckelmann (1717–1768), einem Kunsthistoriker aus Sachsen-Anhalt und Kurator der Antikensammlung des Kardinals. Er beschrieb die antiken Skulpturen, die er so liebte, in seinem Hauptwerk „Geschichte der Kunst des Altertums". Zum anderen schuf hier zur gleichen Zeit der deutsche Maler Anton Raphael Mengs (1728–1779) ein großes Deckengemälde.

Die Via Savoia ist eine sehr vornehme Wohngegend. Es gibt hier edle Apartments, aber auch alte Villen in verwunschenen Gärten mit Blauregen, Kletterjasmin und Dattelpalmen. Diese Traumwohnungen kosten siebenstellige Beträge, auch wenn wir es ihnen, wie so oft in Rom, vielleicht nicht immer von außen ansehen. Eine Villa im Stil des Coppedè-Viertels liegt auf der rechten Straßenseite (Via Savoia 21/23), sie ist mit mittelalterlichen Tierfiguren und Ornamenten geschmückt. An der Kreuzung mit der **Via Brescia** blicken wir auf eine Mauer mit einem Madonnenbild und Votivtafeln. Diese Tafeln wurden von Menschen gestiftet, die eine Gnade empfangen haben, beispielsweise die Genesung von einer Krankheit. Auf der gleichen Straßenseite liegt weiter rechts das römische ❹ **Goethe-Institut** (Via Savoia 15), das international tätige Kulturinstitut der Bundesrepublik. Durch die Fenster schauen wir in die Bibliothek, wo fleißig Deutsch gelernt wird. Im Goethe-Institut gibt es regelmäßig interessante Kulturveranstaltungen in deutscher Sprache, von Kinoabenden bis zu Konzerten. Direkt gegenüber lohnt sich ein Besuch in der

Goethe-Institut

Pasticceria Dolce

Pasticceria Dolce. Hier werden Croissants, Cupcakes und Marmeladenkuchen in der offenen Backstube täglich frisch gebacken. Ein Gitterkuchen mit Konfitüre heißt auf Italienisch *crostata* und ist sehr beliebt. Besonders zum Frühstück oder zum Nachtisch, denn „Kaffee und Kuchen" am Nachmittag gibt es in Italien nicht. Am liebsten bedient der Chef seine Kundschaft persönlich, wie zum Beispiel die Gäste und Mitarbeiter des Goethe-Instituts, die in der *pasticceria* gerne ihre Pausen verbringen.

In der Konditorei Dolce können wir Vintage-Geschirr wie Tortenplatten und Espressotassen erwerben.

Jetzt schlendern wir ein Stück die **Via Savoia** zurück und biegen rechts in die **Via Mantova.** In der Gegend um diese Straße herum liegen die Gebäude der ehemaligen römischen ❺ **Peroni-Brauerei,** die das Stadtviertel geprägt hat. Auf der linken Straßenseite lesen wir über einem Tor den Namen Birra Peroni Roma; der große Schornstein und der begrünte Innenhof mit dem Café weiter vorne rechts gehören auch zu der ausgedienten Anlage (Via Mantova 1). Die Geschichte der Brauerei begann 1864 mitten im Herzen der Stadt. Als der Betrieb expandierte, kaufte Peroni das frei stehende Gelände

außerhalb der antiken Stadtmauern bei der Via Mantova, wo in kurzer Zeit das Brauhaus, eine hochmoderne Eisfabrik, Büros, Lagerhallen und Pferdeställe entstanden. 1971 wurde die Produktion eingestellt. Nach jahrelanger Sanierung der heruntergekommenen Industriehallen zog wieder Leben in die Brauerei ein, zum Beispiel mit dem Museum MACRO (2010), das wir später noch besuchen werden.

Geradeaus liegt an der **Piazza Alessandria** eine historische Markthalle von 1926 mit der römischen Wölfin über dem Eingang. Es gibt in Rom mehr als 30 solcher überdachten Märkte, und auch wenn die Stände darin leider immer weniger werden, bietet ein Marktbummel eine schöne Gelegenheit, die Menschen der jeweiligen Stadtteile zu erleben. Rund um die Via Mantova gibt es viele angesagte Lokale. Im **Salento in una Stanza** können wir uns quer durch die Küche Apuliens kosten. Ganz typisch sind die *orecchiette con cime di rapa*, Öhrchennudeln mit Stängelkohl. Für die Öhrchen werden mit dem Daumen Vertiefungen in kleine Teigstückchen gedrückt, dann wird die geriffelte Seite nach außen gestülpt, damit sie später mehr Sauce aufnehmen kann. Die *orecchiette* werden teilweise auch heute noch in den kleinen Dörfern Apuliens von den

Peroni-Brauerei

Hausfrauen selbst gemacht. Zum Nachtisch gibt es *semifreddo al latte di mandorla*, Halbgefrorenes aus Mandelmilch, oder *scotta labbra*, warme Vanillecreme. Es verwundert nicht, dass die Tische hier sehr begehrt sind. Nach der Schlemmerpause machen wir einen kleinen Ausflug zu Kunst und Architektur. Wir biegen von der Via Mantova mit Blick auf die Markthalle nach links in die **Via Alessandria,** vorbei an der ehemaligen Eisfabrik der Brauerei; wir erkennen gut den Schriftzug „fabbrica di ghiaccio" auf einer Hauswand. Links geht es in die **Via Reggio Emilia,** wo auf der rechten Straßenseite der Hintereingang des ❻ **Museo di Arte Contemporanea di Roma (MACRO)** liegt, des Museums für zeitgenössische Kunst, untergebracht in den ehemaligen Pferdeställen.

Durch das große Tor gelangen wir zunächst in einen Innenhof und geradeaus über eine Treppe auf das Dach, wo wir einen Blick auf das Stadtviertel und ein Murales rechts an der Hauswand haben. Hier erleben wir den auffälligen Kontrast zwischen dem modernen Museum und den restlichen Gebäuden in der Gegend. Der Eingang ins Foyer des MACRO ist dann durch eine Glastür links neben der Treppe zu erreichen. Unter dem gläsernen Dach in der Eingangshalle fällt sofort ein knallrotes Objekt auf, es ist das Auditorium. Die kräftige Farbe hebt sich gut vom ansonsten vorherrschenden Schwarz ab. Das dynamische Innenleben des Gebäudes mit spannenden Perspektiven wurde von der preisgekrönten französischen Architektin Odil Decq (geb. 1955) gestaltet, die auch als „Punkerin unter den Architekten" bekannt ist. Wenn wir möchten, können wir nun an der Kasse eine Eintrittskarte lösen und das MACRO besichtigen, eventuell gibt es gerade eine interessante Ausstellung, aber auch von der Eingangshalle aus gewinnen wir einen sehr guten ersten Eindruck. Durch den Haupteingang des Museums gelangen wir wieder nach draußen, rechts führt uns die **Via Nizza** zur **Viale Regina Margherita.** Hier endet unsere Entdeckungsreise und wir lassen uns von der Straßenbahn zur Piazza Risorgimento/San Pietro oder von einer der zahlreichen Buslinien auf der Via Nomentana Richtung Innenstadt bringen.

Murales am MACRO

Innenhof des MACRO

Start: Piazza Annibaliano, 00198 Rom
Ziel: Via Nomentana, 00137 Rom
Länge: ca. 3 Kilometer
Dauer: ca. 3 Stunden
ÖPNV: Haltestelle Sant'Agnese/Annibaliano, U-Bahn-Linie B; am Ziel: Haltestelle Nomentana/Villa Torlonia, Buslinien 60, 62, 66, 82
Parken: Parkplätze in der blauen Zone mit Parkschein vom Parkscheinautomaten gibt es in den Straßen um die Piazza Annibaliano. Sie sind erkennbar an den blauen Markierungen auf dem Boden.

Unterwegs entdeckt:

❶ Katakomben der heiligen Agnes (Catacombe di Sant'Agnese)
❷ Mausoleum der heiligen Costanza (Mausoleo di Santa Costanza)
❸ Villa Massimo
❹ Villa Torlonia
❺ Casino Nobile
❻ Eulenhäuschen (Casina delle Civette)
❼ Serra Moresca
❽ Ehemalige Orangerie (Limonaia)

Essen + Trinken:

Alice Pizza, Corso Trieste 195, 00199 Rom, Tel. +39 06 45 59 63 85, www.alicepizza.it (beliebte römische Pizzakette mit ofenfrischer *pizza al taglio* auf die Hand)

Hostaria al Monumento, Largo XXI Aprile 7, 00162 Rom, Tel. +39 06 44 23 41 01 (bodenständige Osteria mit typisch römischer Küche)

Guttilla, Via Nomentana 267/277, 00198 Rom, Tel. + 39 06 44 25 80 70, www.guttilla.it (sizilianische Eisboutique, hier wird das Eis ständig gerührt und ist deshalb besonders cremig, auch vegan und glutenfrei)

Staunen im Untergrund und Entspannen im Park

Dieser faszinierende Ausflug führt uns in die Unterwelt Roms. In den Katakomben der heiligen Agnes reisen wir zurück in die Zeit der ersten Christen, die hier ihren Glauben ausübten. Ein magisches Erlebnis, auch weil sie in einem paradiesischen Garten liegen. Danach lädt der sonnendurchflutete Park Villa Torlonia ein, architektonische Schmuckstücke zu bewundern und im Grünen frische Kraft zu tanken.

Von der **Piazza Annibaliano** gelangen wir rechts in die **Via di Sant'Agnese**, die uns zum Haupteingang der ❶ **Katakomben der heiligen Agnes** bringt. Die Besichtigung von Katakomben mit ihrer spannenden Geschichte ist ein Muss und gehört zu jedem Rombesuch. Wir erleben dort einmal das immense Labyrinth im Untergrund der Stadt und begeben uns auf eine Zeitreise in die römische Vergangenheit. Es gibt in Rom über 60 Katakomben mit kilometerlangen unterirdischen Gängen. Die wenigsten sind der Öffentlichkeit zugänglich, gleich drei liegen im Süden der Stadt bei der Via Appia und sind recht überlaufen. Dagegen liegen die Catacombe di Sant'Agnese komplett abseits der Touristenströme in einem üppigen Garten mit Palmen und duftendem Sternjasmin. Von der Straße aus betreten wir zunächst den Hof dieser Oase der Spiritualität, wo die Zeit stehen geblieben zu sein scheint.

Zuerst fällt unser Blick auf die große Wand voller Votivtafeln, es handelt sich um kleine Steintafeln mit Danksagungen für eine empfangene Gnade. Diese Tafeln zu stiften und mit Mörtel an eine Wand in der Nähe eines Marienbildes anzubringen, ist ein alter römischer Volksbrauch, der allerdings immer mehr verschwindet. Vom Hof gelangen wir in die stimmungsvolle Kirche mit dem Grab der heiligen Agnes unter dem Altar. Die Legende will, dass die Christin Agnes zur Zeit der Christenverfolgungen hingerichtet wurde. Beim Versuch, sie zu verbrennen, wichen allerdings die Flammen vor der Jungfrau zurück. Schließlich wurde sie weit außerhalb der Stadt an der Via Nomentana enthauptet. Das Haupt der Agnes

An den Katakomben der heiligen Agnes

ruht übrigens in der zweiten römischen Agnes-Kirche auf der Piazza Navona. Auf dem goldglänzenden Mosaik in der Apsis erkennen wir die Figur der Agnes, die in roten Flammen steht. Typisch römisch: Wie in vielen Kirchen wurden auch hier antike Marmorsäulen verbaut.

Am Kassenhäuschen können wir eine Eintrittskarte lösen, die eine Führung durch die Katakomben und die Kirche beinhaltet. Eventuell müssen wir etwas warten, bis eine kleine Gruppe zusammenkommt.

Nach dem Spaziergang durch die Unterwelt blinzeln wir wieder in die Sonne und gelangen durch den etwas verwunschenen Garten zum ❷ **Mausoleum der heiligen Costanza.** Der kreisrunde Raum aus dem 3. Jahrhundert verströmt eine ganz besondere Aura. Die Decke zieren antike Mosaike mit Weinranken und anderen Motiven. Weinranken und Putten bei der Weinernte entdecken wir auch auf dem gewaltigen roten Sarg der Costanza. Wein kommt an vielen Stellen der Bibel vor und war daher ein beliebtes Symbol in der christlichen Kunst. Wir schauen hier übrigens auf eine Gipskopie des Originals in den Vatikanischen Museen. Der damalige Papst ließ den Sarg vor Jahrhunderten mithilfe von 40 Ochsen in den Vatikan transportieren. Die heilige Costanza wurde angeblich betend am Agnes-Grab von einer furchtbaren Krankheit geheilt und bekehrte sich daraufhin zum Christentum. Das Mausoleum lag wie alle Friedhöfe und Gräber im alten Rom weit außerhalb der Stadtmauer direkt an einer Straße, in diesem Fall an der antiken Via Nomentana.

Das Mausoleo di Santa Costanza ist heute übrigens offiziell eine Kirche und mit seinem besonderen Flair ein sehr beliebter Ort für Hochzeiten; die Warteliste ist lang und Brautpaare müssen lange im Voraus ihren Wunschtermin reservieren.

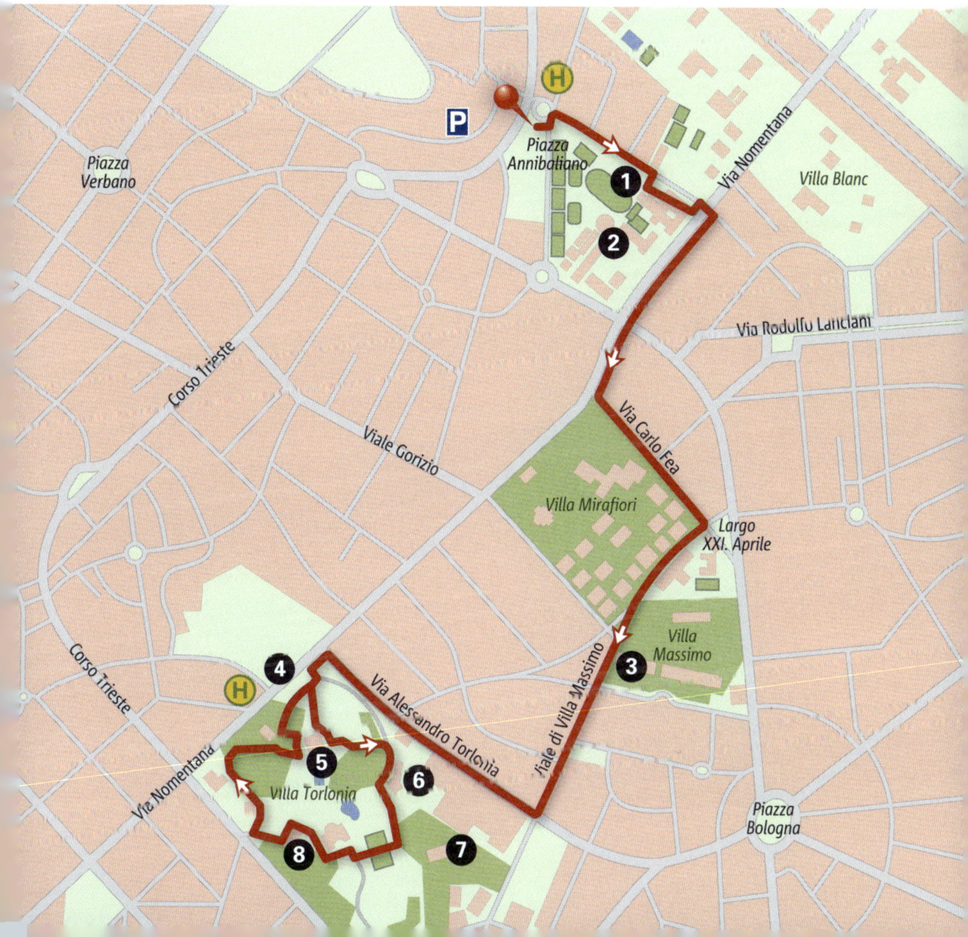

Mausoleum der heiligen Costanza

Deckenmosaik

Gerade samstags ist es durchaus möglich, dass wir hier auf eine echte italienische Hochzeitsgesellschaft treffen. Gleich daneben liegen der Sportplatz der **Parrocchia di Sant'Agnese** und eine kleine verschlafene Bar, wo gerne Kindergeburtstage gefeiert werden. Hier haben wir eine blühende *parrocchia* (zu Deutsch Pfarrgemeinde) mit einem aktiven Gemeindeleben, wo Jugendliche Fußball spielen, ein Chor probt und die Menschen des Stadtviertels zusammenkommen.

Nach diesem besinnlichen Besuch verlassen wir die Anlage Richtung **Via Nomentana,** die wir queren und dann rechts entlanggehen. Wir kommen an der **Villa Ragno** vorbei (Spinnenvilla, Via Nomentana 134), die nach den Gittertoren in Form von riesigen Spinnen benannt ist. An der Via Nomentana, einer sehr teuren Wohngegend, liegen die renommierte Schweizer Schule, ein privates Gymnasium, Ordenshäuser und zahlreiche Botschaften mit üppigen Gärten und hohen Mauern in den einstigen Residenzen des römischen Großbürgertums. Ein Beispiel ist die Botschaft Thailands Villa Thai (Via Nomentana 132) mit großen Steinelefanten.

Der Eismeister der Gelateria Neve di Latte (Via Nomentana 335) hat schon Preise für sein gelato aus erlesenen Zutaten gewonnen.

Wir passieren auch die Botschaft Afghanistans, Villa Amanullah (Via Nomentana 120). Die Villa in dem gepflegten Garten mit alten Bäumen und Palmen wurde in den 1920er-Jahren vom afghanischen König Ghazi Amanullah Khan gekauft, der sich in Italien im Exil befand.

Nun geht es links in die **Via Carlo Fea,** wo wir am Hotel Príncipe Torlonia (Via Carlo Fea 5) vorbeikommen, ebenfalls eine ehemalige Privatvilla.

Den Platz **Largo XXI Aprile** erkennen wir sofort an dem auffälligen Kriegerdenkmal. Rechts an der Ecke liegt der Blumenladen **Fiorile** (Via Giovanni Battista de Rossi 45) in einem bezaubernden Garten. Auch ohne Blumen zu kaufen, ist es schön, sich hier einmal umzusehen. Falls wir Hunger haben, sind wir in der familiengeführten **Hostaria al Monumento** genau richtig. Hier gibt es unter anderem typisch römische Gerichte, von dor *trippa alla romana* (Kutteln im Tomatensugo mit

Minze) über die *pasta e fagioli* (Nudeleintopf mit Bohnen) bis zur *coda alla vaccinara* (Ochsenschwanz im Tomatensugo).

Wir biegen rechts in die **Via Giovanni Battista de Rossi,** wo auf der linken Straßenseite die kanadische Nationalkirche (Via Giovanni Battista de Rossi 46) liegt. Das Bild an der Fassade ist in Wirklichkeit ein riesiges Mosaik. Rechter Hand sehen wir eine hübsche Villa mit Garten aus den 1920er-Jahren (Via Giovanni Battista de Rossi 33), ein römischer Wohntraum! Kurz darauf erreichen wir den **Largo di Villa Massimo 1** mit dem Haupteingang der ❸ **Villa Massimo,** die allerdings außerhalb der Veranstaltungen nicht der Öffentlichkeit zugänglich ist.

Die **Viale di Villa Massimo** führt uns zur Kreuzung mit der Via Giovanni Severano, wo ein kleiner Trinkbrunnen Quellwasser spendet, bevor wir rechts in die **Via Alessandro Torlonia** biegen. Hier entsteht gerade das Museo della Shoah (Holocaustmuseum), derzeit noch eine Großbaustelle. Wir biegen nach links und betreten auf der **Via Nomentana** durch ein schmiedeeisernes Gittertor den Stadtpark ❹ **Villa Torlonia.** Geradeaus erblicken wir einen Obelisken und dahinter eine blendend weiße Villa mit Säulenhalle. Es ist das ❺ **Casino Nobile** mit dem **Museo di Villa Torlonia.** Wir können dieses Schmuckkästchen besichtigen und bekommen hier einen sehr schönen Eindruck einer einstigen Adelsresidenz.

Von 1925 bis 1943 wohnte der Faschist Benito Mussolini mit seiner Familie im Casino Nobile und veränderte

Eine deutsche
KÜNSTLEROASE

Die Villa Massimo beherbergt deutsche Kunststipendiaten, die den Rompreis der Villa Massimo erhalten haben, eine der bedeutendsten Auszeichnungen für deutsche Kunstschaffende im Ausland. Die Ateliers und Wohnungen liegen mitten in einem alten Park mit Obstbäumen und Gemüsegarten. Die Villa Massimo gehört heute der Bundesrepublik Deutschland und öffnet regelmäßig mit vielseitigen Veranstaltungen ihre Tore für das Publikum. Besonders beliebt ist das Sommerfest im Juni mit der Großen Atelierstraße (www.villamassimo.de).

Villa Torlonia mit Obelisk

Die grünen
LUNGEN ROMS

Mit *Villa* wird in Rom eine große Gartenanlage mit einem oder mehreren Gebäuden bezeichnet. In diesen Privatoasen verbrachte der römische Stadtadel früher die heißen Sommertage, heute sind sie zumeist öffentliche Stadtparks und beliebte Naherholungsgebiete mitten in Rom. Die 14 Hektar große Villa Torlonia mit ihrer bewegten Geschichte geht auf die gleichnamige römische Adelsfamilie zurück. Im Park gab es eine Orangerie, ein Kaffeehaus, Turnierfeld, Amphitheater sowie ein Schweizer Landhaus.

einiges im Park. Ins Gewächshaus zog ein Kino ein, zudem ließ er einen Tennisplatz und einen sogenannten Kriegsgarten anlegen. In diesem Nutzgarten wurde während des Krieges Gemüse angepflanzt, um die täglichen Mahlzeiten zu sichern. Außerdem entstand eine Bunkeranlage, die es heute noch gibt. Zum Ende des Krieges logierten die Alliierten in der Villa. Die heruntergekommenen Gebäude werden seit Jahrzehnten von der Gemeinde Rom langsam, aber stetig saniert und restauriert.

Casino Nobile

Casina delle Civette

Jugendstil-Fenster der Casina delle Civette

In dem weitläufigen englischen Garten erwarten uns gleich zwei erlebenswerte Kleinode, die Casina delle Civette und die Serra Moresca. Im ❻ **Eulenhäuschen,** der Casina delle Civette, betreten wir eine ganz eigene Welt im Baustil eines Landhauses. Das Häuschen mit Loggien, Türmchen und bunten Majolikadächern war der Rückzugsort des Prinzen Giovanni Torlonia, der hier völlig abgeschieden lebte. Auch die Innenräume ließ der Exzentriker mit Holzintarsien, Stuckdecken und kostbaren Stoffen an den Wänden aufwendig dekorieren. Das Highlight sind jedoch die bunten Jugendstil-Glasfenster: Schwäne, Wasserrosen, Schwertlilien, Pfauenfedern, kräftiges Türkis und tiefes Blau verschmelzen zu bezaubernden Bildern. Im Erdgeschoss entdecken wir auch die Fenster mit kleinen Eulen, denen die Villa ihren Namen verdankt (*civette*, zu Deutsch Eulen). Die Casina delle Civette wurde mit viel Aufwand restauriert und erfreut seit einigen Jahren wieder ihre Besucher.

Nach 14 Jahren Restaurierungsarbeiten wurde im Dezember 2021 auch die ❼ **Serra Moresca** wieder dem Publikum zugänglich gemacht. Das ehemalige Gewächshaus war eingestürzt und komplett zugewuchert. Anhand von Glassplittern konnten die ursprünglichen Farben des

Glases rekonstruiert werden. Heute sind die leuchtend bunten Fenster wieder ein Augenschmaus; hergestellt wurden sie in einer römischen Werkstatt. Typisch römisch ist auch der graue Peperino, ein Vulkangestein aus der Gegend von Rom. Palmen, Agaven, Ananaspflanzen und Aloe sorgen für exotisches Flair, im zentralen Brunnen plätschert wieder Wasser. Die Serra Moresca aus dem 19. Jahrhundert ist übrigens von der Alhambra in Granada inspiriert.

Nach all diesen Eindrücken kosten wir noch etwas die Zeit im Grünen aus. Im Park geht es ganz entspannt zu, wir erleben hier weitab der Innenstadt ein Stück römischen Lebens. Im **Café Limonaia,** der ehemaligen **8 Orangerie,** können wir draußen sitzen und uns erholen.

Nach dem ausgiebigen Streifzug durch einen der schönsten römischen Stadtparks bringen uns zahlreiche Buslinien von der **Via Nomentana** wieder In Richtung Stadtmitte.

Serra Moresca

Start: U-Bahn-Haltestelle Cavour, 00184 Rom
Ziel: Piazza Vittorio Emanuele II, 00185 Rom
Länge: ca. 3 Kilometer
Dauer: ca. 3 Stunden
ÖPNV: Haltestelle Cavour, U-Bahn-Linie B; am Ziel: Haltestelle Vittorio Emanuele, U-Bahn-Linie A
Parken: Parkplätze in der blauen Zone mit Parkschein vom Parkscheinautomaten gibt es um die Piazza Vittorio Emanuele II. Sie sind erkennbar an den blauen Markierungen auf dem Boden.

Unterwegs entdeckt:

❶ Basilica di Santa Prassede
❷ Basilica di Santa Maria Maggiore
❸ Fontana dei Monti
❹ Cappella di Sant'Elena all'Esquilino

❺ Piazza Dante
❻ Aquädukt
❼ Nuovo Mercato Esquilino
❽ Piazza Vittorio Emanuele II

Essen + Trinken:

Pasticceria Regoli, Via dello Statuto 60, 00185 Rom, Tel. +39 0 64 87 28 12, www.pasticceriaregoli.com (erste Adresse für typisch römische *maritozzi*)
Panella, Via Merulana 54, 00185 Rom, Tel. +39 0 64 87 24 35, panellaroma.com (Brotboutique mit riesiger Auswahl)
Radici Pizzicheria Salentina, Via Emanuele Filiberto 38, 00185 Rom, Tel. +39 06 89 02 14 83, shop.pizzicheriasalentina.it (Fingerfood aus Apulien)
Gelateria Fassi, Via Principe Eugenio 65–67, 00185 Rom, Tel. +39 0 64 46 47 40, www.gelateriafassi.com (älteste Eisdiele der Stadt)

Kulinarische Reise durchs Multikultiviertel

Buntes Treiben, stimmungsvolle Kirchen und Kulinarik machen das reizvolle Gemisch im Stadtviertel Esquilin in der Nähe des Hauptbahnhofs aus. Die Gegend um die Piazza Vittorio entwickelt sich gerade zu einem angesagten Szeneviertel; hier sind wir ganz im Jetzt der Stadt. Die wuselige Markthalle ist ein echtes Erlebnis und in der ältesten Eisdiele Roms verwöhnen wir uns mit einem *gelato con panna*.

Der Esquilin-Hügel wurde erst um 1900 als Wohngebiet erschlossen, kurz nachdem Rom Hauptstadt Italiens wurde. Damals entstanden hier Wohnungen, Theater und Flaniermeilen für das gehobene Bürgertum. Besonders seit den 1960er-Jahren machte die Gegend aber immer mehr eine Entwicklung in Richtung Multikultiviertel durch und von den einstigen wohlhabenden Bewohnern war keine Spur mehr. Der Esquilin wurde trotz der zentralen Stadtlage zu einer verrufenen Gegend. In den letzten Jahren wird er jedoch als Kiez wieder beliebter; immer öfter bevölkern ihn junge römische Familien mit Kindern und hippe Leute. Es eröffnen gleichzeitig viele angesagte Lokale, sodass sich das Viertel zurzeit rasant verändert, aber noch nicht komplett gentrifiziert ist.

Von der **U-Bahn-Haltestelle Cavour** geht es in die **Via Giovanni Lanza,** dann links in die **Via di San Martino ai Monti** und wieder links in die **Via di Santa Prassede.** Hier betreten wir durch eine unscheinbare Holztür die ❶ **Basilica di Santa Prassede,** eine der ältesten Kirchen Roms, die für ihre Mosaike berühmt ist. Auf den Holzbänken im Kirchenraum können wir die schönen Mosaike in Ruhe betrachten: An der Apsis-Wand hinter dem Altar sehen wir in der Mitte Jesus zwischen blau-roten Wölkchen, mit Petrus und Paulus in weißen Gewändern. Links bei der Palme steht der Stifter der Kirche Papst Paschalis mit einem auffälligen blauen Kasten auf dem Kopf. Das blaue Quadrat soll bedeuten, dass die dargestellte Person noch lebte, denn Heiligenscheine waren in der Kunst bereits Verstorbenen

Basilica di Santa Prassede

vorbehalten. Ganz oben thront das Lamm Gottes. Auf dem großen Bogen vor der Apsis haben wir eine seltene Darstellung der Aufnahme der Glückseligen ins Paradies. Auf beiden Seiten bewachen Engel die Eingänge des Himmlischen Jerusalems, das von einer reich geschmückten Mauer umgeben ist. Im rechten Seitenschiff bewundern wir anschließend die **Zeno-Kapelle** (Cappella di San Zenone) aus dem 9. Jahrhundert. Ihre Wände bedecken schimmernde Goldmosaike; die Decke überspannt ein goldenes Himmelszelt mit Jesus und vier Engeln. Das wertvolle Edelmetall Gold stand in der christlichen Symbolik für das Göttliche; einst sahen die Menschen es praktisch nur in Kirchen und das muss sehr beeindruckend gewesen sein. Wir können

Basilica di Santa Maria Maggiore

uns gut vorstellen, warum die Cappella di San Zenone auch Paradiesgarten genannt wurde.

Die bunten Mosaiksteinchen sind aus farbigem Glas, während die goldenen aus transparentem Glas mit Goldfolie bestehen und wie kleine Spiegel das Licht in alle Richtungen reflektieren. Die Leuchtkraft der Mosaike, ganz besonders der funkelnde Goldeffekt, konnte durch Wandmalerei nicht erreicht werden.

Wir verlassen die Kirche wieder und gelangen links zur **Piazza di Santa Maria Maggiore.** Am 5. August im Jahr 358 hat es hier angeblich geschneit und der Papst persönlich zeichnete in den frischen Schnee die Umrisse der Kirche, um festzulegen, wo sie gebaut werden sollte. Daraufhin wurde die ➋ **Basilica di Santa Maria Maggiore** gegründet und trägt den Beinamen Santa Maria della Neve, zu Deutsch „Maria Schnee". Das Schneewunder zählt zu den großen Wundern Roms und wird jedes Jahr am 5. August mit einer besonderen Messe gefeiert, als Höhepunkt des Festes schweben künstliche Schneeflocken vom Himmel. Die Kirche ist übrigens eine der vier Papstbasiliken Roms, hat eine Heilige Pforte und gehört zum extraterritorialen Staatsgebiet des Vatikans.

Wir biegen rechts in die **Via Carlo Alberto** und wieder rechts in die **Via di Sant'Antonio all'Esquilino.** Von der

Hausecke links oben blickt der heilige Antonius von Padua
zu uns herab. Er ist einer der beliebtesten Heiligen, vor allem
wird er für das Wiederauffinden verlorener Gegenstände an-
gerufen. Links führt die **Via di San Vito** zur Kirche San Vito
mit dem **Arco di Gallieno,** einem antiken Bogen. Wie so oft
in Rom „stolpern" wir mitten in der Stadt ganz unerwartet über
antike Reste. Nach dem Bogen erwartet uns die ❸ **Fontana dei Monti,** ein besonders schöner Trinkbrunnen mit dem
stilisierten Symbol des Stadtteils Monti (*monti,* zu Deutsch
Hügel), den drei römischen Hügeln Esquilin, Viminal und Co-
elius. Wir trinken einen Schluck Quellwasser, biegen rechts
in die **Via Pellegrino Rossi** und gleich wieder rechts in die
Via dello Statuto. Bei der **Pasticceria Regoli** legen wir nun
erst einmal eine kulinarische Genusspause ein. Die alteingesessene Konditorei ist für ihre leckeren *maritozzi con panna* in
ganz Rom berühmt, dafür stehen die Menschen gerne auch
an. Im März sollten wir hier unbedingt die *bignè di San Giuseppe* kosten, mit Vanillecreme gefüllte Windbeutel.

Fontana dei Monti

Maritozzi
CON PANNA

Die weichen Hefebrötchen mit Sahne sind typisch römisch. In dem lockeren Teig sind feines Mehl, Milch, Eier, Honig, Zucker und Orangenschale verarbeitet. Angeblich geht das Rezept für die Brötchen auf das alte Rom zurück, aber wer diese Köstlichkeit wirklich erfunden hat, wissen wir nicht. Sie sind auf jeden Fall ein himmlischer Genuss und beim Reinbeißen quillt seitlich die Sahne heraus, herrlich! *Maritozzi* **werden in Rom übrigens meistens nur zum ersten oder zweiten Frühstück genossen.**

In der Bar nebenan bekommen wir wir zum *maritozzo* einen guten *caffè*. Bei dieser Gelegenheit können wir einen *barista* in Aktion erleben. Es ist faszinierend, wie er in der größten Rushhour die Nerven behält, routiniert mit Tassen hantiert, die Hochdruck-Kaffeemaschine zum Zischen bringt, Kaffeesatz in die Tonne haut und dabei keine einzige Bestellung vergisst. *Caffè* wird in Rom übrigens in unzähligen Varianten bestellt – *ristretto, lungo, macchiato freddo, al vetro, shakerato* – und der *barista* merkt sich alle Sonderwünsche seiner Kunden.

Bei Selli finden wir Lebensmittel und Gewürze aus aller Welt (Via dello Statuto 28/30).

In der Nähe der Pasticceria Regoli laden einige nette Läden zum Stöbern ein. Direkt daneben gibt es bei **Casa del Tessuto** (Via dello Statuto 64–66) schöne Stoffe und im Handarbeitsgeschäft **Centro Cucito Creativo di Barbara Ciotti** (Via dello Statuto 70) finden wir alles rund ums Nähen. Nun biegen wir links in die **Via Merulana** und stehen schon bald vor den Schaufenstern mit den Brotskulpturen der römischen **Traditionsbäckerei Pannella.** Seit 1929 erwacht das Stadtviertel mit dem Duft von frisch gebackenem Brot des Familienbetriebs, wo es mittlerweile über 70 Brotsorten, außerdem *grissini*, belegte Pizza, *bruschetta* und eine Auswahl an süßem Gebäck von *cantuccini* bis *ciambelle* gibt. Egal, was wir bestellen, es schmeckt hier einfach alles. Am **Largo Leopardi** können wir bei Pannella auch draußen sitzen. Gegenüber liegt das sogenannte Auditorium des Mäzenas, der hier in der Antike eine prachtvolle Gartenanlage besaß. Das

kleine Gebäude war wohl ein sommerlicher Speiseraum mit Brunnen als natürlicher Klimaanlage.

Vom Largo Leopardi gelangen wir in die **Via Ferruccio** und von dort rechts in die **Via Macchiavelli.** Hier machen wir einen Abstecher in die Via Macchiavelli 24 zur **❹ Cappella Sant'Elena all'Esquilino.** In dieser zauberhaften neugotischen Kapelle (19. Jahrhundert) betreten wir eine ganz eigene Welt. Kein Laut dringt von draußen herein, ganz leise beten am Altar Schwestern. Rom ist voller Kontraste, das erleben wir hier sehr eindrücklich; oft gelangen wir vom pulsierenden Trubel auf den Plätzen und Straßen plötzlich an einen ganz spirituellen Ort. Wir setzen uns hin und lauschen einmal ganz bewusst der Stille, bevor wir die Kapelle verlassen und wieder mitten im römischen Leben sind. Wir biegen links in die **Via Giusti,** die uns zur **❺ Piazza Dante** bringt, benannt nach dem italienischen Dichter Dante Alighieri (1265–1321). In dem riesigen weißen Gebäude am Platz befindet sich der Sitz

Brotskulpturen bei Pannella

Cappella Sant'Elena

Piazza Dante

des italienischen Geheimdienstes, wo im Inneren Daten durch 2000 Kilometer Glasfaserkabel fließen. Das imposante historische Gebäude ist der ehemalige Hauptsitz der italienischen Postsparbanken, wie wir noch auf einer Inschrift über dem Haupteingang lesen können (Casse di Risparmio Postali).

Wir gehen durch die kleine Anlage und nehmen auf der anderen Seite die **Via Petrarca,** die uns zur **Via Emanuele Filiberto** mit der **Kaffeerösterei Torrefazione Camei** (Via Emanuele Filiberto 57) führt. Den Familienbetrieb gibt es seit über 100 Jahren und der *caffè* gehört zu den besten in Rom; die Meisterröster feilen immer an der optimalen Mischung der Sorten Arabica und Robusta aus Guatemala, San Salvador, Brasilien, Äthiopien und Kolumbien. Zum Sortiment zählt manchmal auch Kaffeelikör.

Als Nächstes reisen wir nach Süditalien, indem wir quer über die Kreuzung zu **Radici Pizziccheria Salentina** hinübergehen. Dieses kleine Ladenlokal wurde vor wenigen Jahren von einem Schauspieler und einem Marketingexperten gegründet. Hier gibt es Spezialitäten aus dem Salent, einer Region in Apulien am Absatz des italienischen Stiefels. Wir können *puccia, ciciri e tria, burrata, friselle, taralli* oder *pasticciotto* probieren und dazu einen schönen Negroamaro genießen. Das *Olio Extra Vergine* kommt aus dem Olivenhain der Eltern von Davide, einem der beiden Besitzer.

Nach diesem eher deftigen Ausflug nach Apulien ist etwas Süßes angesagt. Die **Via Cairoli** bringt uns direkt zur **Via Principe Eugenio** mit der **Gelateria Fassi.** Der elegante Palazzo del Freddo, zu Deutsch Eispalast, wurde 1928 eröffnet. Mittlerweile ist Fassi weltberühmt und hat sogar in Korea Filialen. Die

älteste Eisdiele Roms wird noch heute in fünfter Generation von der Familie Fassi geführt. Eine Spezialität des Hauses sind die *sanpietrini*, das sind römische „Pflastersteine" aus halb gefrorenem Eis, umhüllt von knackiger Schokolade. Wer kann da widerstehen? Die Wahl unter den Eissorten fällt nicht leicht; der Eismeister Andrea Fassi empfiehlt zum Beispiel folgende Kombination: Kokoseis und veganes Schokosorbet. Sahne ist übrigens im Preis inbegriffen und bevor wir unser Eis auf die Hand bekommen, werden wir immer gefragt: *Con panna* – mit Sahne? Darauf gibt es nur eine Antwort: *Sì!*

Eventuell fällt uns hier der Abschied nicht leicht, aber es gibt noch einiges zu entdecken. Wir gehen von hier links in die **Via Principe Eugenio,** rechts in die **Via La Marmora** und gelangen über die **Via Guglielmo Pepe** zur **Piazza Pepe.** Auf diesem kleinen Platz verschmelzen ganz gegensätzliche Elemente aus verschiedenen Epochen zu einem typisch römischen Bild: ein *nasone* (Trinkbrunnen aus Gusseisen) vor einem antiken ⑥ **Aquädukt,** ein reizendes Jugendstiltheater und das stylische Hotel Radisson Blu. Während der Bauarbeiten für das Hotel wurden antike Mauerreste gefunden, das ist in Rom ja an der Tagesordnung.

Direkt an den Platz grenzt die **Via Filippo Turati** mit der Markthalle ⑦ **Nuovo Mercato Esquilino.** Der Markt gehört seit 1913 zum Esquilin und lag ursprünglich unter freiem Himmel auf der Piazza Vittorio. Vor einigen Jahren zog er in

---

Streetfood
AUS DEM SALENT
Puccia: Runde Brötchen, die mit Gemüse oder Fleisch gefüllt werden
Ciciri e tria: Pastagericht mit Kichererbsen
Burrata: Mozzarellastreifen in einer Sahnesoße
Friselle: Knusprige Brotkringel aus Hartweizen, die erst mit Wasser eingeweicht und dann mit Tomaten belegt werden
Taralli: Salzige Kringel aus Mehl, Olivenöl und Weißwein
Pasticciotto: Kleine Kuchenstücke mit Vanillecreme
Negroamaro: Rotwein aus dem Salent und einer der wichtigsten Weine Apuliens

Murales

die jetzige Location um. Wie alle Märkte hat er nur vormittags bis etwa 14 Uhr geöffnet. Marktfans kommen hier voll auf ihre Kosten: Das Stimmengewirr ist international, das Fleisch halal, der Duft von Gewürzen hängt in der Luft, laut schreiende Fischhändler preisen erstaunliche Meerestiere an. Hier erleben wir hautnah das Multikultigesicht des Stadtviertels. Nach dem Marktbummel geht es durch die **Via Ricasoli,** wo wir ein Murales des römischen Street-Art-Künstlers Mauro Sgarbi sehen. Eine Frau und ein Kind schweben einer Traumwelt mit Fischen entgegen. Kunstwerke wie dieses werden von der Stadt in sozialen Brennpunkten ganz bewusst gefördert.

Die Via Ricasoli führt uns direkt zur **8 Piazza Vittorio Emanuele II,** dem Herzen des Esquilin. Wir gelangen durch das schmiedeeiserne Tor in den Park. Auf dieser kleinen Ruheinsel mitten in der geschäftigen Gegend zieht jedes Jahr in den heißen Sommernächten ein stadtbekanntes Open-Air-Kino ein gemischtes Publikum an. Vielleicht setzen wir uns einen Moment hin und schauen den Kindern beim Fußballspielen zu. Wenn wir noch Energie haben, werfen wir einen Blick in die Kirche **Sant'Eusebio all'Esquilino** (Piazza Vittorio Emanuele II 12/a) am anderen Ende des Platzes, um das Deckengemälde des deutschen Malers Anton Raphael

Marktszene

Piazza Vittorio Emanuele II

Mengs (1728–1779) zu bewundern. Der Sohn eines sächsischen Hofmalers war mit einer Römerin verheiratet und blieb bis zu seinem Lebensende in seiner Wahlheimat.

Die Arkaden rings um den Platz waren einst elegante Flaniermeilen mit Cafés, Hutgeschäften und Juwelieren. In der Nachkriegszeit wurde unter den Säulengängen alles Mögliche vertickt, vom losen Tabak, der aus Zigarettenstummeln gebröselt wurde, bis zu Ersatzteilen für das Fahrrad, wie es in dem Film „Fahrraddiebe" von Vittorio de Sica aus dem Jahr 1948 zu sehen ist. Heute gibt es unter den Arkaden einige lebhafte Lokale, wo wir den Spaziergang ganz entspannt ausklingen lassen können. Das **Gatsby Café** (Piazza Vittorio Emanuele 106) mit seiner Einrichtung im Stil der 1950er-Jahre ist auch als Filmset gefragt.

Das Gatsby Café liegt in einem ehemaligen Hutladen. Wir erkennen es an den Hüten im Schaufenster.

Es ist vom Frühstück bis zum Abendessen geöffnet und sehr angesagt. Abends gibt es manchmal auch Livemusik.

Danach müssen wir zum Glück nicht mehr weit gehen, denn die Piazza hat auf zwei Seiten Zugänge zur U-Bahn.

Gatsby Café

Start/Ziel: Piazza Apollodoro, 00196 Rom
Länge: ca. 3,8 Kilometer
Dauer: ca. 3 Stunden
ÖPNV: Haltestelle Flaminia/Reni (Piazza Apollodoro), Straßenbahnlinie 2
Parken: Parkplatz beim Auditorium, Via Pietro de Coubertin, 00196 Rom

Unterwegs entdeckt:

❶ Sportpalast (Palazzetto dello Sport)
❷ Musikpark (Auditorium Parco della Musica)
❸ Ehemaliges Olympiadorf
❹ Museo nazionale delle arti del XXI secolo (MAXXI)
❺ Ponte della Musica

Essen + Trinken:

Caffetteria Palombini, Via Guido Reni 4/A, 00196 Rom,
Tel. +39 345 71 84 016, www.maxxi.art/en/caffetteria-palombini-maxxi/
(sympathische Cafeteria im MAXXI-Museum)
Bottega Mariani, Viale del Vignola 107–109, 00196 Rom,
Tel. +39 0 63 23 26 41, https://bottegamariani.superbexperience.com/
(Spezialitätenladen mit kalter Küche)

Faszination der
modernen Architektur

Hier erleben wir einmal nicht die antike Seite Roms, die wir meist mit der Stadt verbinden, sondern ihr Gesicht der Gegenwart. Geprägt haben es vor allem die Architekten Zaha Hadid und Renzo Piano mit dem Bau des MAXXI-Museums und des Auditoriums Parco della Musica. Ganz besonders das MAXXI ist eine echte Quelle der Inspiration und für viele ein Kraftort.

Das Stadtviertel Flaminio liegt nördlich der Altstadt, unweit der Piazza del Popolo. Es entstand um 1900 außerhalb der alten Stadtmauer, als so viele Menschen nach Rom zogen, dass das historische Areal nicht mehr für die neuen Bewohner ausreichte. An der Stelle von Gärten und Weinbergen entstanden damals in der Nähe des Tiberufers Kasernen, Fabriken und Wohnungen für wohlhabende Bürger. Auch heute noch sind die Apartments hier sehr teuer. Frischer Wind in die Gegend kam vor einigen Jahren mit dem Auditorium und dem MAXXI. Sie tragen die Unterschrift berühmter Architekten und beleben mit ihren Veranstaltungen die Kulturszene Roms. Die Umwandlung des Stadtviertels in ein lebendiges Zentrum für Kunst und Kultur ist noch lange nicht abgeschlossen; zurzeit entsteht gegenüber dem MAXXI ein Wissenschaftsmuseum.

Unser Spaziergang auf den Spuren der modernen Architektur beginnt auf der **Piazza Apollodoro,** von der wir in die **Via Pietro de Coubertin** gelangen. Diese Straße ist nach dem Begründer der modernen olympischen Spiele Pierre De Coubertin (1863–1937) benannt. Hier fällt uns sofort der ❶ **Sportpalast** auf, der wie ein riesiges Ufo aussieht. Der Palazzetto dello Sport wurde von Pier Luigi Nervi (1891–1979) als Sporthalle für die Olympischen Spiele 1960 entworfen. Nervi war einer der führenden Ingenieure Italiens und international bekannt. Der Palazzetto ist eine für damalige Verhältnisse innovative Konstruktion mit leichten vorgefertigten Betonplatten, die vor Ort zusammengesetzt wurden, also eine Art Plattenbau. Hier handelt es sich um einen Meilenstein der Architektur, der auf eine dringend nötige Sanierung wartet

Sportpalast

und dabei leider von Unkraut überwuchert wird. Unter einem Viadukt hindurch gelangen wir in die Via Pietro de Coubertin 10, wo sich der römische ❷ **Musikpark,** das Auditorium Parco della Musica, befindet.

Auf einem ehemals verwahrlosten Gelände am Rand der Stadt hat hier Italiens Star-Architekt Renzo Piano (geb. 1937 in Genua) ein pulsierendes Herz der Kultur erschaffen; zum Geburtstag Roms am 21. April 2002 wurde es eingeweiht. Das Auditorium ist äußerst beliebt und zieht mit unterschiedlichen Veranstaltungen immer viele Menschen an. Das rö-

Hier klingt es
RICHTIG GUT

Das Auditorium verfügt über drei verschieden große Konzerthallen, die akustisch auf ganz unterschiedliche Musikarten zugeschnitten sind. Auf der Suche nach dem perfekten Sound hat Renzo Piano mit dem deutschen Raum-Akustiker Jürgen Reinhold zusammengearbeitet. Reinhold gilt als einer der größten Experten für Raumklang und feilt an Akustikkonzepten für Konzerthäuser der ganzen Welt. Die Sala di Santa Cecilia ist einer der größten Konzertsäle Europas mit 2700 Sitzplätzen, die wie an den Hängen eines Weinbergs rund um die Bühne angeordnet sind. Die elegante Decke hat besondere akustische Eigenschaften, denn hier reflektieren 26 Schalen aus Kirschholz den Klang optimal.

mische philharmonische Orchester Accademia Nazionale di Santa Cecilia präsentiert hier seine Konzertsaison und jedes Jahr zieht mit dem Filmfestival Festa del Cinema Glamour in die Säle.

Durch das Gittertor gelangen wir rechts auf den Platz **Largo Luciano Berio** mit dem Open-Air-Theater des Auditoriums. Es hat 3000 Sitzplätze und wird im Sommer für Konzerte genutzt. Zur Weihnachtszeit verwandelt der Platz sich in eine beliebte Schlittschuhbahn und ist voller Leben. Von hier sehen wir die drei Konzerthallen, die wie riesige Schildkröten in einem Olivenhain liegen. Ein schmaler Weg führt nach oben in den Park, von wo wir die grauen Bleidächer der Säle sehr gut betrachten können.

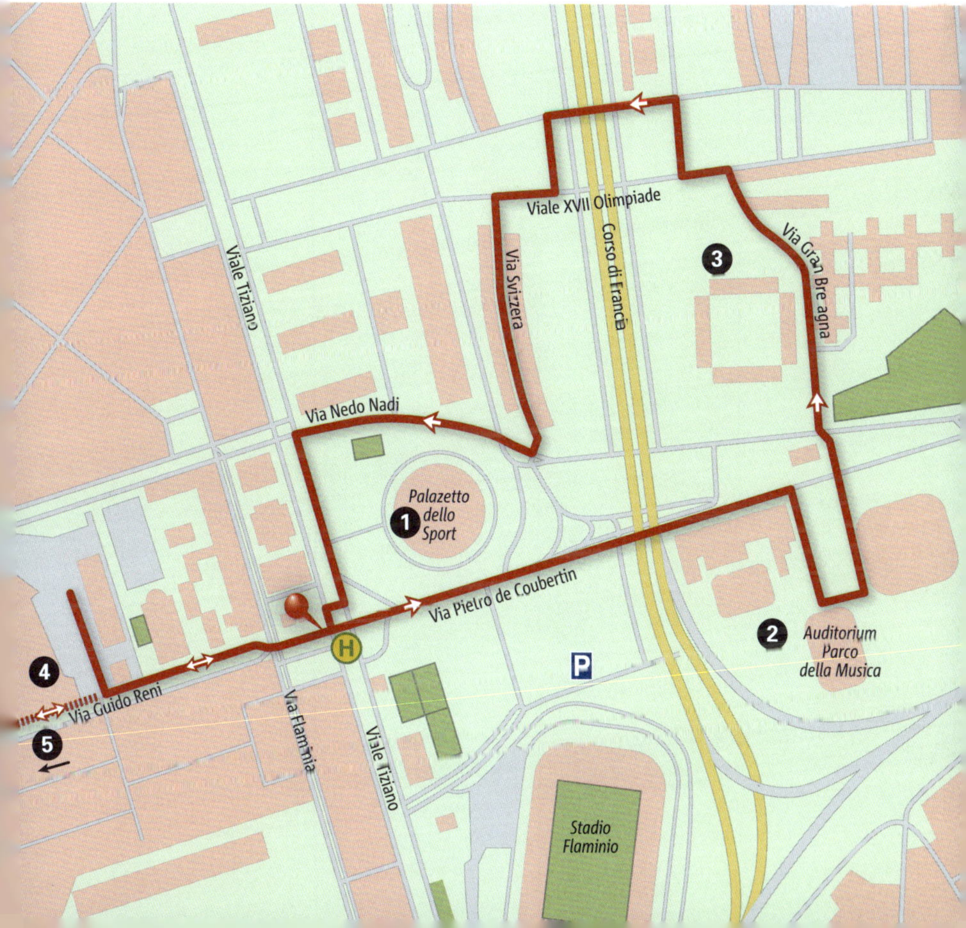

Innenhof des Auditoriums

Antike römische Villa

Während der Bauarbeiten für das Auditorium kamen die Reste einer antiken römischen Villa ans Tageslicht und Renzo Piano änderte kurzerhand seine Pläne, um die Mauerreste in das Foyer zu integrieren. Durch eine der zahlreichen Glastüren gelangen wir in den weitläufigen Eingangsbereich, wo wir die Grundmauern der Villa und ein kleines Museum besichtigen können. Hier befindet sich auch die Theaterkasse. Vielleicht fühlen wir uns inspiriert und kaufen ganz spontan eine Konzertkarte, um die Sala di Santa Cecilia einmal in Aktion zu erleben; eventuell gibt gerade ein Künstler von Weltrang ein Konzert. Garantiert verleben wir hier einen ganz besonders vergnüglichen Abend. Unter den Arkaden liegen mehrere Cafés, wo wir uns wie die Römer vor der Vorstellung zur Einstimmung einen Aperitif genehmigen können.

Die Libreria Notebook all'Auditorium verkauft auch Partituren und Merchandise-Artikel des Auditoriums.

Nun kehren wir dem Musikpark den Rücken und spazieren auf dem Weg zum MAXXI-Museum durch das ehemalige Olympische Dorf. Dazu queren wir die **Viale Pietro de Coubertin** und begeben uns in die **Via Gran Bretagna,** wo es beginnt und alle Straßen nach Nationen benannt sind. Das ❸ **Olympiadorf**

Wohnhaus im Olympiadorf

Ringer im Olympiadorf

ist für die Olympischen Spiele 1960 erbaut worden, um die 8000 Sportler, Journalisten und Mitarbeiter aus allen Ländern unterzubringen. Die Häuser sind zwei bis fünf Stockwerke hoch und liegen sehr schön im Grünen zwischen Hunderten von Bäumen. Ganz bewusst wurde das Quartier damals so angelegt, dass es nach Ende der Veranstaltung in ein Wohngebiet für römische Familien umgewandelt werden konnte. Heute sind fast alle Apartments begehrte Eigentumswohnungen und die Preise der Immobilien steigen kontinuierlich.

Nach einer beeindruckenden Skulptur mit zwei Ringern aus Bronze auf der linken Seite (Via Gran Bretagna 14) sto-ßen wir auf die **Viale XVII Olimpiade** und überqueren eine kleine Rasenfläche, wo wir rechts eine weitere Bronzeskulptur mit zwei Läufern sehen, ebenfalls aus dem Jahr 1927.

Vor uns taucht nun die Kirche **San Valentino ai Parioli** auf, die zwar modern ist, aber mit ihrer Ziegelwand optisch auf die antike römische Architektur anspielt. Falls sie geöffnet ist, werfen wir einen Blick in die Kirche, denn der Raum mit der besonderen Decke ist sehr interessant. Der heilige Valentin gilt bekanntlich als Schutzpatron der Verliebten und in Italien wird der Valentinstag sehr wichtig genommen, denn *amore* ist hier ein Topthema.

Wir lassen die Kirche rechts liegen, gehen nach links weiter auf der **Viale XVII Olimpiade,** bis wir links in die **Via Svizzera** biegen. Die Straße ist gesäumt von kleinen Reihenhäuschen, den ehemaligen Unterkünften der Sportler, und bringt uns zur **Via Nedo Nadi,** wo wir wieder auf den Palazzetto dello Sport treffen, den wir umgehen. Wir erreichen so die **Viale Tiziano,** die wir auf der Höhe der **Piazza Apollodoro** queren. Nun geht es geradeaus in die **Via Guido Reni 4a,** wo das ❹ **Museo nazionale delle arti del XXI secolo (MAXXI)** auf der rechten Straßenseile nicht zu übersehen ist. Der Name bedeutet übersetzt „Museum für die Künste des 21. Jahrhunderts".

Auf dem Mercatino Villaggio Olimpico (Viale XVII Olimpiade 7) können wir am Freitagvormittag günstig Kleidung, Schuhe und vieles mehr kaufen.

San Valentino

Blick von der Straße aufs MAXXI

Durch das Gittertor gelangen wir zunächst auf den großen **Innenhof.** Dieser Hof war ursprünglich gar nicht geplant und ist eigentlich nur entstanden, weil einige Gebäude des anfänglichen Projektes nicht gebaut wurden. Ein echter Glücksfall, denn er ist ein beliebter Treffpunkt auch für Familien aus der Gegend, wo Kinder gerne auf Rollschuhen oder

Die Meisterin der
FLUIDEN FORMEN

Zaha Hadid (1950–2016) war die wichtigste weibliche Architektin der Gegenwart und die erste Frau, die den Pritzker-Preis erhielt, eine Art Nobelpreis der Architektur. Die Hochbegabte legte schon als Kind ihren Eltern einen selbst gezeichneten Entwurf für ihr Kinderzimmer vor, studierte später Mathematik und Architektur. Der Durchbruch gelang der Beiruterin 1993 mit dem Feuerwehrhaus auf dem Vitra-Gelände in Weil am Rhein. 2010 zählte die Zeitschrift „Time" sie zu den 100 einflussreichsten Persönlichkeiten der Welt.

Tretrollern herumflitzen. Die Stimmung ist entspannt, zahlreiche Stühle und von der Architektin entworfene Betonbänke laden zum Sitzen ein. Es macht Spaß, zu verweilen und sich etwas umzuschauen. Von hier haben wir auch einen guten Blick auf den gigantischen Betonschlauch mit der Fensterfront, der in den Platz ragt. In dem riesigen Fenster spiegeln sich die umstehenden Wohnhäuser mit ihren typisch römischen Farben. Dieser Anblick ist wirklich faszinierend und das Markenzeichen des Museums. In dem Schlauch liegen Ausstellungsräume, die wir später besuchen und die dann von oben den Blick auf den Platz freigeben.

Das MAXXI war Zaha Hadids erstes Projekt in Italien, wurde unter 273 eingereichten Vorschlägen ausgewählt und trägt ganz eindeutig ihre Handschrift: Es sieht aus wie eine in Beton gegossene Skulptur. Die außergewöhnlich hohen und

Innenhof des MAXXI

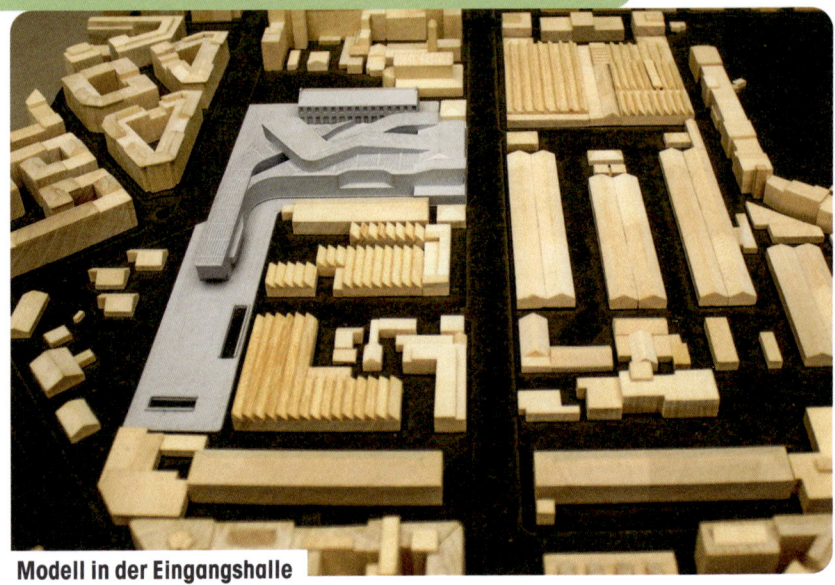

Modell in der Eingangshalle

teilweise gekurvten Betonwände waren bautechnisch eine große Herausforderung. Um eine besonders glatte Oberfläche der Wände zu erzielen, wurde ein neuartiger, sehr flüssiger Beton entwickelt und auf der Baustelle sogar ein Betonwerk installiert.

Durch die Glastüren gelangen wir in die **Eingangshalle.** Hier gibt es ein Café mit Museumsshop, einen offenen Kassenbereich und einige sehr bequeme von Hadid entworfene Sitzelemente, die wir einmal ausprobieren können. Daneben steht ein Architekturmodell, das wir genauer unter die Lupe nehmen. Das Modell zeigt nämlich sehr anschaulich, wie das Museum mit seinen weichen Linien zu den restlichen Gebäuden und geraden Straßen einen spannenden Kontrast bildet. Das MAXXI ist übrigens in eine ehemalige Kaserne aus dem 19. Jahrhundert integriert, die auch teilweise erhalten blieb. Auf der originalen Fassade liegt heute der Eingang ins Museumscafé von der Straße aus.

Jetzt haben wir Gelegenheit, das Museum von innen zu besichtigen. Hier können wir Architektur einmal auf eine neuartige Weise erleben. Das beginnt schon, wenn wir unseren Blick im Foyer nach oben in das offene **Treppenhaus** richten. Die transparenten, geschwungenen Metalltreppen lassen die einzelnen Stockwerke nicht wirklich erkennen. Die Architektin hat hier bewusst ein unkonventionelles Museum ohne herkömmliche Struktur entworfen. Schräge Ebenen, gekrümmte Wände und ineinanderfließende Räume machen es fast unmöglich, sich zu orientieren; verflochtene Wege führen uns zu immer neuen unerwarteten Perspektiven. Zaha Hadid war eine der wichtigsten Vertreterinnen des architektonischen Dekonstruktivismus. Diese Stilrichtung lässt sich am einfachsten so definieren: alles zerlegen und neu zusammenfügen, neue Formen erschaffen, die alte Sichtweise auf die Funktion eines Gebäudes verändern. All das erfahren wir hautnah beim Erkunden der Räume.

Neben wechselnden Ausstellungen zu den Themen Kunst, Fotografie und Architektur bietet das MAXXI auch regelmäßig ein spannendes Kulturprogramm mit Vorträgen,

Treppenhaus des MAXXI

Im Museumsshop

Filmen und Workshops für die ganze Familie. Dazu gehört übrigens auch ein Architekturmuseum mit riesigem Archiv, das MAXXI Architettura. Die Institution MAXXI versteht sich selbst als impulsgebenden Ort der Kultur und wurde schon bald nach der Einweihung ein Publikumsmagnet sowie Pilgerort für Architekturfans aus der ganzen Welt.

Zum Abschluss können wir im **Museumsshop** stöbern und in der **Cafeteria** eine Pause einlegen. Sie ist übrigens ein beliebter Ort zum Studieren und Arbeiten, wie uns die zahlreichen Laptops verraten.

Ein kleiner Abstecher noch zu einem weiteren modernen Architekturprojekt: Aus dem Museumshof begeben wir uns rechts in die **Via Guido Reni** und gelangen nach wenigen Gehminuten zur ❺ **Ponte della Musica.** Diese elegante Fußgängerbrücke mit den flachen weißen Bögen ist die jüngste der mehr als 20 Brücken der Stadt. Um das Landschaftsbild nicht zu verschandeln, wurde auf Pfeiler im Wasser und große Tragkabel verzichtet. Von der Brücke aus sehen wir sicher

das eine oder andere Ruderboot auf dem Tiber, denn hier gibt es mehrere richtig alte Ruderklubs mit den dazugehörigen Klubhäusern. Außerdem liegen am Flussufer, etwas verborgen im Grünen, Padel- und Tennisfelder sowie private Sportanlagen. Auf dem Rückweg über die Via Guido Reni begegnet uns bei der Hausnummer 31 ein kleiner Lebensmittelmarkt in einer Markthalle von 1954, der **Mercato Flaminio II.** Kultur macht hungrig und in dieser Gegend laden zahlreiche Lokale abseits der Touristenströme zu einer Schlemmerpause ein. Typisch römisches Essen mit Produkten aus der Region genießen wir zum Beispiel im **Agro Bistrot** und in der **Bottega Mariani** betreten wir ein kleines Schlaraffenland. Hier werden wir mit kreativen Imbissen, von *burrata* bis *pomodoro confit*, *taglieri* und hervorragenden Weinen verwöhnt. Anschließend bringt uns von der **Viale Tiziano** die Straßenbahn ganz bequem zur Piazzale Flaminio zurück.

![Ponte della Musica]

Ponte della Musica

IMPRESSUM **BILDNACHWEIS**

Die Deutsche Nationalbibliothek verzeichnet diese Publikation in der Deutschen Nationalbibliografie; detaillierte bibliografische Daten sind im Internet über http://dnb.d-nb.de abrufbar.

© 2023 Droste Verlag GmbH, Düsseldorf
2., aktualisierte Auflage 2024
Konzeption/Gestaltung/Satz: Droste Verlag, Düsseldorf
Einbandgestaltung und Illustrationen: Britta Rungwerth, Düsseldorf
Fotos: Sabine Kühne, außer: www.stock.adobe.com: S. 14 (tichr), S. 15 unten (CorinaDanielaObertas), S. 17 (scaliger), S. 20 (Bryan Busovicki), S. 22 (e55evu), S. 30 (Giulio Di Gregorio), S. 31 (Pixelshop), S. 32 (volgariver), S. 34 (Clarisse), S. 36 unten (piotrwzk@go2.pl), S. 44 (Lucky Dragon), S. 46 (massimhokuto), S. 47 (Leonid Andronov), S. 48 (Rick Henzel), S. 49 (milosk50), S. 53 (edimur), S. 55 (schame87), S. 56 (Stefania), S. 58 oben (Vladimir Sazonov), S. 65 (fabianodp), S. 68 (hk13114), S. 70 (John), S. 88 (Giacomo), S. 89 (neko92vl), S. 92 (DLVV), S. 99 (E. Schittenhelm), S. 100 (ArTo), S. 118, 120 (Only Fabrizio), S. 132 oben (dimamoroz), S. 138 (lpictures), S. 139 (Paolo Savegnago), S. 142 (Pierre-Jean DURIEU), S. 144 (kerenby), S. 167 (Stefano)
Textlektorat: Mo Kreutzberg, Düsseldorf
Karten: Angelika Solibieda, Karlsruhe
Druck und Bindung: LUC GmbH, Greven

MIX
Papier | Fördert
gute Waldnutzung
FSC® C011279
FSC
www.fsc.org

ISBN 978-3-7700-2714-9
www.droste-verlag.de